Regina Ammicht Quinn

Glück – der Ernst des Lebens?

HERDER spektrum

Band 5652

Das Buch

Vergnügen ist nett – aber Glück: das ist etwas anderes. Es ist nicht machbar. Und erreicht uns tiefer. Wenn wir vor Vergnügen lachen, dann leuchtet uns das Glück aus den Augen. Das Glück, obwohl es uns ganz leicht macht, hat etwas Ernstes an sich. Womöglich ist Glück gar nichts zum Lachen? Und doch etwas, das alle haben wollen. Manche scheinen es ja gepachtet zu haben. Andere rennen ihm verzweifelt hinterher und merken nicht, dass es sich eher da niederlässt, wo man sich nicht ständig besorgt danach umblickt. So kurz die Momente des Glücks bisweilen sind, so lang ist die Geschichte der Menschen mit ihm. Wohin, bitte, geht's zum Glück? Finde ich es eher zu Hause bei mir oder in der großen weiten Welt? Habe ich es endlich in der Liebe zum einzigen, richtigen Menschen? Vielleicht mit Kindern? Oder dann, wenn ich mich mit meinem Körper rundum wohlfühle? Hat Glück etwas mit dem richtigen Leben zu tun – gehören Glück und Moral zusammen? Wie steht's zwischen Glück und Glaube? – Regina Ammicht Quinn hat die Populärkultur genauso beobachtet wie die Geschichte der Suche nach Glück erforscht. Die renommierte Moraltheologin und Ethikexpertin erzählt und analysiert, wie es den Menschen mit dieser Suche ergangen ist und ergeht, wo sie das Glück gefunden und vielleicht wieder verloren haben, wo sie es erhofft haben und vielleicht enttäuscht wurden, sie geht den Sehnsuchtswegen, Traumpfaden und Sackgassen nach und eröffnet auf diese Weise einen eigenen Zugang zum Glück, seiner Seligkeit und seinen Grenzen, seiner Kraft und seiner Zerbrechlichkeit. Gerade die Theologie hatte es nie ganz leicht mit Glück, so dass die Philosophie dabei ist, Lebenskunst und Glück ganz als ihr eigenes Feld zu behaupten. In diesem Kontext erforscht die Autorin, ob es überhaupt eine christliche Glücksbotschaft gibt. Ein Buch, das über die Sehnsüchte und die großen Gefühle nachdenkt und dabei einen Weg geht, der intellektuell erfreut und existenziell weiter führt. Es kümmert sich um die vielen Fragezeichen rings ums Glück und findet Antworten, mit denen sich leben lässt.

Die Autorin

Regina Ammicht Quinn, apl. Prof. Dr. für theologische Ethik am Interfakultären Zentrum für Ethik in den Wissenschaften (IZEW) der Universität Tübingen. Zahlreiche Veröffentlichungen. Gastprofessuren an theologischen und nicht-theologischen Fakultäten. Im Zuge von Berufungen auf einen Lehrstuhl mehrfache Verweigerung des dafür nötigen ‚nihil obstat'. Regina Ammicht Quinn lebt mit ihrem Mann und ihren beiden Kindern in Frankfurt/Main.

Regina Ammicht Quinn

Glück – der Ernst des Lebens?

HERDER

FREIBURG · BASEL · WIEN

Gedruckt auf umweltfreundlichem,
chlorfrei gebleichtem Papier

Originalausgabe

www.herder.de
Satz: Barbara Herrmann, Freiburg
Druck und Bindung: fgb · freiburger graphische betriebe 2006
Umschlaggestaltung und Konzeption:
R·M·E München / Roland Eschlbeck, Liana Tuchel
ISBN-13: 978-3-451-05652-9
ISBN-10: 3-451-05652-6

Für Thomas

Inhalt

3. Kapitel
Glück in der Liebe?

4. Kapitel
Glück und Glaube?

Einleitung

Ein wenig schwermütig klingt das, ein wenig seufzend:

„Ach“, so Sören Kierkegaard, „die Tür des Glücks, sie geht nicht nach innen auf“.

Steht man vor dieser Tür, hinter der sich die Wohnung des Glücks verbirgt, dann kann man das nicht tun, was nahe liegend wäre:

„… sie geht nicht nach innen auf, so dass man, indem man auf sie losstürmt, sie aufdrücken kann; sondern sie geht nach außen auf, und es bleibt einem daher nichts zu tun.“[1]

Die Tür des Glücks geht nach außen auf. Auch wenn man auf sie einhämmert, wenn man sich mit Macht dagegen wirft, um hineinzugelangen, ist es wirkungslos. Und dennoch bleibt nicht einfach „nichts zu tun“. Eines kann man tun, eines muss man tun: einen Schritt zurücktreten.

Diese ruhige Distanz scheint heute, 150 Jahre nach Kierkegaards Tod, verloren gegangen zu sein. Vielleicht auch deshalb, weil wir das Glück kaum noch hinter jener verschlossenen Tür vermuten. Andere rühmen sich, es zu beheimaten, allen voran die Popularkultur.

In der der Popmusik, im Kino, in den Fernsehserien wird das Glück vorgeführt, verraten und verloren, es gibt gute Zeiten und schlechte Zeiten, die eine oder andere verbotene Liebe auf dem Traumschiff oder in der Notaufnahme, es gibt Glücksritter und Könige, den einen oder anderen Frosch, einige Aschenputtel, aus denen Prinzessinnen werden; es gibt geballtes Unglück, dessen Kehrseite erst in der nächsten Folge gezeigt wird, es gibt Glück im Unglück, Unglück im Glück, und alle sind sich lediglich einig über eines: dass sie glücklich sein wollen. Oder, wie Augustinus vor gut 1600 Jahren schon bemerkte: „Aber was ist es? Was? Fragen wir zwei Menschen, ob sie im Heere dienen wollen, kann es sein, das der eine sagt, er wolle, der andere, er wolle nicht. Fragen wir sie aber, ob sie glücklich sein wollen, so wird jeder gleich ohne besinnen sagen, dass er's wünsche; und beide, der, der dienen will, wie der andere, der es nicht will, suchen jeder nichts anderes als nur ihr Glück." Bei Augustinus lesen wir auch, dass schon Marcus Terentius Varro, der 47 v. Chr. von Caesar zum Vorstand der zu gründenden öffentlichen Bibliothek ernannt wurde, 288 verschiedene Lehrmeinungen über das Glück aufgelistet hat. In den inzwischen vergangenen über 2000 Jahren dürfte die eine oder andere noch dazugekommen sein. So stehen wir in der Tradition einer Geistesgeschichte,[2] in der manche das Glück für eine Fata Morgana halten, das sich beim Näherkommen unweigerlich in Nichts auflöst (wie der professionelle Pessimist Schopenhauer); andere versuchen verbissen, das Glück zu liquidieren und anderes an seine Stelle zu setzen, Pflicht, Tugend oder das Allgemeinwohl beispielsweise (so lautet in *Mayers Lexikon Ost* die Definition von Glück „gehobene innere Zufriedenheit über gute Taten und fortschrittliche Leistungen"); einigen gelingt es, mit ihrer Vorstellung von Glück die jeweiligen gesellschaftlichen Wertsysteme zu stabilisieren, damit das Glück im Einklang mit der Welt gelebt werden kann; andere versuchen subversiv oder revolutionär die bestehende Weltordnung zu zerschlagen, um den Menschen endlich zu seinem Glück zu befreien; und wieder andere treten die Flucht nach vorn (oder nach oben) an und verweisen das Glück an die Zukunft, die Utopie oder an die Transzendenz, an Gott und das Jenseits. So schließt sich der Kreis der Glücksdeutungen: Die Fata Morgana und der Himmel, der nach dem Fegfeuer wartet, werden zu einem eigentümlichen Doppelbild.

Die Biochemiker und Neurobiologen haben sich inzwischen als die Empiriker des Glücks etabliert. Wenn die Biochemiker aber die Empiriker des Glücks sind, dann sind die Philosophen dessen Theoretiker. Wer aber sind die Praktikerinnen und Praktiker des Glücks?

Um zu ihnen zu gelangen, nehmen wir einen Umweg – den über die Sorge.

Denn mit Sorge verbringen wir in der Regel einen guten Teil unserer Zeit: Sorge um uns selbst, um Gesundheit, Einkommen und Fortkommen, um Anerkennung und Liebe, Status und Sicherheit; Sorge um die anderen, die uns nah sind, die Partnerinnen und Partner, die kleinen und größer werdenden Kinder, die älter werdenden Eltern, die Freundinnen und Freunde; und Sorge um die Welt.

Mangel, Not, Schuld und Sorge sind in Goethes *Faust II* „vier graue Weiber", die – wie das Glück – zunächst auf der anderen Seite der Tür sind. Die ersten drei, Mangel, Not und Schuld, können nicht durch verschlossene Türen gehen. Mit der Sorge ist das anders: „Die Sorge, sie schleicht sich durchs Schlüsselloch ein." (5. Akt, Mitternacht)

Hier ist eine Menschheitserfahrung formuliert: Auch wenn in den reichen Gesellschaften elementarer Mangel und elementare Not – zumindest materieller Art – vor der Tür gehalten werden können, auch wenn Schuld kein erstickendes Ausmaß erhält, dann bleibt doch die Sorge. Sie ist es, die sich vorzugsweise nachts durch das Schlüsselloch einschleicht, den Schlaf vertreibt, Sorgenfalten in die Stirn gräbt und das Leben schwer macht. Die Sorge erscheint als die große Zerstörerin des Glücks. Dies wird vor allem dort offensichtlich, wo Menschen ‚Sorger' sind, die noch die schönsten Geschenke des Glücks mit Misstrauen betrachten – wenn sie sie überhaupt sehen: denn ihr Blick ist fest und unbeirrt auf die tatsächlichen und vor allem möglichen negativen Seiten des Lebens gerichtet. Glück hat es schwer in einem solchen Leben.

Sollten wir also das Glück dort suchen, wo auch das Schlüsselloch noch verstopft ist, wo man die Sorgen abwirft, sorgenfrei und sorglos – bis der Alltag wieder einzieht und das Schlüsselloch undicht wird? Eine breite Ratgeberliteratur scheint genau diesen Weg vorzuschlagen. *Sorge dich nicht, lebe* (*How to Stop Worrying and Start Living*) heißt der Titel eines Buches, das seit 1948 ein Bestseller ist und in 17 Sprachen übersetzt wurde. Oder, einfacher formuliert: *Don't worry, be happy.* Aber ist es so einfach?

Die Sorge markiert den Ernst unseres Lebens: die grundsätzliche Möglichkeit, dass Leben auch misslingen kann. So sehr wir uns alle die sorgenfreien Zeiten – oder sorgenfreien Augenblicke – des Lebens wünschen, das Loslassen, Durchatmen, die völlige Gegenwärtigkeit, so sehr stellt sich die Frage: Gibt es das Glück nur in einem diesseitigen Jenseits: im Jenseits des ernsten, sorgenvollen Lebens?

Glück hat viele Dimensionen, und eine davon ist schon sprachlich zu erkennen. Der deutsche Glücksbegriff erscheint zunächst weniger präzise als der englische oder französische; hier gibt es *chance* und *bonheur*, *luck* und *happiness*. Im Deutschen gibt es das *Glück haben* und das *glücklich sein*. Beide Begriffe werden in der Regel unterschiedlich gewertet und erscheinen damit auch unterschiedlich wertvoll: Während das Glückhaben mit Zufall verknüpft ist, hängt das Glücklichsein mit einer Geisteshaltung zusammen; eines kommt von außen auf mich, eines kommt von innen aus mir. Beide sind miteinander verbunden, insofern ein

Glückhaben zum Glücklichsein führen kann; die Verbindung ist aber nicht zwingend – denn nicht jedes Glückhaben ist dem Glücklichsein auch zuträglich. Die Märchen sind immer wieder damit befasst, wie sehr es den dritten freien Wunsch braucht, um die katastrophalen Folgen der ersten beiden Wünsche wieder zu beheben.

Diese sprachliche Unterscheidung rührt schon an eine erste philosophische Ausdifferenzierung des Begriffs: die Unterscheidung in *episodisches Glück* und *Glück als Gestalt des Lebens*.[3] Das episodische Glück ist das „lichterlohe Bewusstsein: Diesen Augenblick wirst du niemals vergessen“ (Max Frisch). Es ist der Augenblick, der, so wünscht nicht nur Faust, verweilen soll. Er tut es nicht, und das ist vermutlich gut so; sonst würde die ekstatische Dauerlust womöglich zur immergleichen Langeweile – oder zur höllischen Folter. Sicher ist lediglich, dass ein glückliches Leben glückliche Episoden braucht, insgesamt aber mehr ist als eine endlose Aneinanderreihung dieser Episoden. Was aber ist dieses ‚Mehr‘?

Hier soll zunächst nicht zu den (mindestens) 288 unterschiedlichen Lehrmeinungen über das Glück eine neue und endgültige hinzugefügt werden. Es geht darum, den entscheidenden Schritt vor der Tür des Glücks zurückzutreten und die Fragen nach dem Glück richtig zu stellen. Auch dazu sind schon Versuche gemacht worden:[4]

Ist Glück ein Haben oder ein Sein?

Ist es ein Weg oder ein Ziel?

Kann man die Tür zum Glück öffnen, oder muss man warten, bis sie – von innen – geöffnet wird?

Ist Glück im moralischen Leben oder im Jenseits der Moral?

Ist es Glück, wenn ein Mensch sich findet, oder wenn er sich verliert und vergisst?

Liegt Glück in dem, was wir haben, oder in dem, was wir leichten Herzens entbehren können?

Warum gibt es das Wort ‚Glück' nur im Singular?

Gibt es ein Recht auf Glück? Oder ein Recht, nach Glück zu streben?

Hängt Glück an den äußeren Umständen oder daran, wie ein Mensch sie nimmt?

Hinter all diesen Fragen aber liegt eine Frage:

Schließen das Glück und die Sorge, das Glück und der Ernst des Lebens sich aus? Oder hängen sie in besonderer Weise zusammen?

In diesem Buch geht es um das Glück. Gleichzeitig ist es ein theologisches Buch. Es spricht nicht in erster Linie über Theologie, sondern über das, was der Theologie zugrunde liegt. Es setzt dort an, wo sich die Fragen nach dem Glück am nachdrücklichsten stellen: im Leben – dort, wo es gut, aber auch dort, wo es unübersichtlich, unordentlich und undeutlich ist. Nur wenn sie diesen Bereichen nicht ausweicht, kann Theologie glücken.

Wo aber ist das Glück im Leben, im guten Leben, aber auch im unübersichtlichen, unordentlichen, undeutlichen Leben?

Dieses Buch ist ein Buch über Glück, macht aber vermutlich nicht glücklich.

Es gibt keine ordentliche Arbeitsanleitung, keine eindeutigen Wegweiser und keine präzisen Rezepte. Das alles ist anderswo nachzulesen. Stattdessen gibt es den Versuch und die Ermutigung, den einen, entscheidenden Schritt zurückzutreten: vor der Tür, die nicht nach innen aufgeht.

1. Kapitel

Gut sein oder glücklich sein?

Vom Zimmer und der Welt

Einer, der als Siebzehnjähriger einen bis heute nach ihm benannten Lehrsatz entdeckte, der eine Rechenmaschine erfand und das Gesetz der kommunizierenden Röhren formulierte, der später auch mit der Unendlichkeit rechnete, eine groß angelegte Schrift zur Verteidigung des Christentums nicht mehr beendete, ehe er 39-jährig starb, der Philosophen und Theologen des 20. Jahrhunderts nachhaltig beeinflusst hat – er schreibt um die Mitte des 17. Jahrhunderts über das Glück. Genauer gesagt: über das Unglück.

„Wenn ich mich mitunter daran gemacht habe", so heißt es in den *Pensées* des Blaise Pascal, „die vielfältige Geschäftigkeit der Menschen zu betrachten, die Gefahren und Mühsale, denen sie sich aussetzen, bei Hofe, im Kriege, woraus so viel Händel erwachsen, so viel Leidenschaften, so viele verwegene und oft schlimme Unternehmungen usw., habe ich entdeckt, dass alles Unglück der Menschen von einem Einzigen herkommt: dass sie es nämlich nicht verstehen, in Ruhe in einem Zimmer zu bleiben".[5]

Das Glück, das Pascal hier umreißt, wäre damit eines, das durch Pascals eigenes Leben und die Art und Weise seines Sterbens relativiert wird. Es ist zugleich ein Glück, das alle akademischen Orte dieser Welt wohl gekannt haben: Das Glück im Studierzimmer, mit dem Rücken zur Welt. Glück mit Sitzfleisch sozusagen.

Das ‚Zimmer' und die ‚Welt' haben immer wieder um das Glück konkurriert. Denn im Lauf der Geschichte gab es viele, die *nicht* in Ruhe in ihrem Zimmer bleiben wollten.

Einer von ihnen hieß Achill, und mit Achill gehen wir zurück an den Beginn unserer europäischen Literaturgeschichte, zu Homers *Ilias*. Mit Achill betreiben wir eine Spurensuche: Mit welcher Haltung zum Glück hat vor fast 3000 Jahren unsere Literaturgeschichte, die sich als Geschichte unserer Menschwerdung lesen lässt, begonnen?

Achill, der Königssohn, ist ein Inbild des Glücks: schön, stark, reich, so göttergleich wie ein Sterblicher nur sein kann, unverwundbar bis auf die berühmte Ferse. Nur lebt er unter einem Schatten, denn ein früher Tod in der Schlacht ist ihm geweissagt. So könnte man meinen, er stünde vor einer Wahl. Hielte er sich fern vom Krieg – dem Trojanischen in dem Fall –, so wäre ein langes Leben durchaus denkbar; zieht er in die Schlacht, so steht ihm ein kurzes, aber ehrenvolles Leben bevor. Die Wahl aber ist eigentlich keine; denn ein Achill, der ruhig in seinem Zimmer bliebe, wäre nicht Achill, auf ihn träfe die Weissagung nicht zu, und wir hätten nie von ihm gehört. So wird er zum Helden Trojas; die Ehren häufen sich. Als aber im zehnten Kriegsjahr der Heerführer Agamemnon ihn in eben dieser Ehre kränkt – er nimmt sich eine Frau ins Zelt, die eigentlich in Achills Zelt gehörte –, zieht sich Achill zurück, und es scheint für einen Augenblick, einen historischen Augenblick, als könne die gekränkte Männerehre ihm sein Leben retten. Achill kämpft nicht mehr, sondern bleibt ruhig in seinem ‚Zimmer', seinem Zelt, und die Trojaner gewinnen die Oberhand. Da zieht Achills Freund Patroklus in Achills Rüstung in die Schlacht und wird von Hektor getötet. Nun ist Männerfreundschaft wichtiger als Sexualneid, Achill verlässt das Zimmer, stürzt sich in den Kampf, tötet Hektor, obwohl er weiß, dass er nach Hektor der nächste sein wird, verweigert ihm die Bestattung und schleift ihn an den Streitwagen gekettet durch die Stadt.

Als er danach allein im Zelt ist, tritt Priamos ein, Trojanischer König und Vater des Hektor. Der Vater bittet um den Leichnam seines Sohns, indem er Achill mahnt, an dessen eigenen Vater zu denken. Da beginnt Achill im Angesicht des eigenen Todes um seinen Vater zu weinen – den er nicht mehr sehen wird –, wie Priamos um den Sohn weint: „Es erscholl von Jammertönen die Wohnung."[6] *Dann beschreibt Achill die Situation, in der sich beide Feinde, die, weil sie gemeinsam weinen, vielleicht keine Feinde mehr sind, befinden: „Also bestimmten die Götter der elenden Sterblichen Schicksal, / Bang in Gram zu leben; allein sie selber sind sorglos."*[7]

Heute, fast 3000 Jahre später, haben wir nicht nur zeitliche Distanz zu Achill. Dennoch lohnt es sich zu fragen: Welche Gottesbilder verbinden sich mit menschlichem Leid und menschlichem Glück? Und: Gibt es ihn heute noch, den Typus Achill, der zwangsläufig sein Zimmer verlässt? Und was ist sein Glück?

Es ist nicht das Glück des langen Lebens, das Glück von Familie und Kindern, das Glück des einfachen Lebenswegs; es ist auch nicht das Glück der kleinen Dinge – der guten Mahlzeit, der schönen Kunst, der freundlichen Blicke. Man könnte ihn sogar als Unglücklichen bezeichnen, er selbst hätte es zweifelsohne getan. Es gibt zwar das Glück des großen Namens, des Ruhms, der Erinnerung – aber ob der Nachruhm dem Glück zuzurechnen ist, bleibt fraglich.

Und noch einer sei erwähnt, der nicht in seinem Zimmer geblieben ist – der nicht bleiben konnte, der aber auch nicht überall hin gehen wollte:

„3. Februar 1944
Liebe Eltern!
Ich muss Euch eine traurige Nachricht mitteilen, dass ich zum Tode verurteilt wurde, ich und Gustav G. Wir haben es nicht unterschrieben zur SS, da haben sie uns zum Tode verurteilt.

Ihr habt mir doch geschrieben, ich soll nicht zur SS gehen, mein Kamerad Gustav G. hat es auch nicht unterschrieben. Wir beide wollen lieber sterben als unser Gewissen mit so Gräueltaten zu beflecken. Ich weiß, was die SS ausführen muss. Ach, liebe Eltern, so schwer es für mich ist und für Euch ist, verzeiht mir alles, wenn ich euch beleidigt habe, bitte verzeiht mir und betet für mich. Wenn ich im Kriege fallen würde und hätte ein böses Gewissen, das wäre auch traurig für Euch. Es werden noch viele Eltern ihre Kinder verlieren. Es fallen SS-Männer auch viel. Ich danke Euch für alles, was Ihr mir seit meiner Kindheit Gutes getan habt, verzeiht mir, betet für mich …"[8]

Es ist kein Achill, dessen Stimme uns hier erreicht; es ist ein unbekannter und unbekannt gebliebener Bauernsohn aus dem Sudetenland, kaum des Schreibens mächtig. Hier ist nicht nur der zeitliche Abstand geringer, und der namenlose Bauernsohn ist in seiner ganzen literarischen Hilflosigkeit eine erschütternd starke Figur. Nicht der SS beizutreten erscheint uns heute moralisch akzeptabler als grausam Rache für den Tod des Freundes zu üben. Dennoch sind die *Formen* der Handlungen durchaus ähnlich: Beide tun, was aus unterschiedlichen Gründen nötig erscheint, obwohl ihr Schicksal damit besiegelt ist.

Zwei Unglückliche haben wir hier vor uns, einen Königssohn und einen Bauernsohn, die, so könnte man meinen, tatsächlich besser in Ruhe in ihrem Zimmer geblieben wären. Aber vielleicht standen sie – in ganz unterschiedlicher Weise – gar nicht vor der Wahl.

In dieser Frage des Wählens zeigt sich die historische Distanz zwischen dem Achill der antiken griechischen Dichtung und dem jungen Mann in *der* deutschen historischen und moralischen Krise des 20. Jahrhunderts: Der moderne Mensch hat – anders als Achill – Wahlmöglichkeiten, auch wenn sie nicht zur realen Wirklichkeit werden. Die Rückzugsargumentation des

Briefs – die Bitte um Verzeihung und die Rationalisierung, dass ja auch SS-Männer im Krieg fallen, der Gewinn, den die Unterschrift verspricht, also ein höchst unsicherer ist –, spricht diese Sprache. Achill folgt seinem vorgezeichneten Schicksalsweg, der auf beiden Seiten durch einen eigenen Ehrenkodex eingezäunt ist. Die Augenblicke, in denen es möglich erscheint, diesem Schicksal zu entrinnen, in eine Seitenstraße abzubiegen, werden zu den epischen Höhepunkten der Dichtung, obwohl oder weil der Ausgang von vornherein klar ist.

Die Situation des Bauernsohnes ist eine andere. Denn eines der Kennzeichen der Moderne ist, dass aus dem Schicksal in vielen Zusammenhängen Wahl geworden ist. So fällt das, was vorige Zeitalter oder vorige Generationen als Schicksal bezeichneten, als moralische Frage auf uns zurück. Das Glück ist nicht mehr primär ein von den Göttern oder Gott geschenktes oder verweigertes Glück, sondern ein von Menschen erstrebtes und herzustellendes. In den individualisierten Lebensentwürfen der Gegenwart verschärft sich damit die Frage nach dem Glück auf neue Weise.

Für den Bauernsohn stellt sich die Schicksalsfrage in Gestalt einer moralischen Frage: Soll die eigene moralische Haltung auch dann gelebt werden, wenn sie das Leben kostet? Und mit dem Leben die Zukunft und das Glück? Zugleich zeigt sich hier noch eine andere, leisere und vorsichtigere Frage: Gibt es das Glück, trotz allen Unglücks und gerade in allem Unglück, mit sich selbst eins zu sein?

Glück und Moral: traumhafte Einheit

Diese Frage, wie sich Moral und Glück zueinander verhalten, ist eines der großen Themen der Philosophiegeschichte; es ist die Frage, in der der Verdacht mitschwingt, dass die Moral vielleicht doch auf Kosten des Glücks gehe; oder aber, grundsätzlicher, ob so etwas wie ‚Glück' denn überhaupt menschen-möglich ist.

„Alle Gebilde sind unbeständig, alle Gebilde sind leidvoll", so predigt Buddha erstmals im Jahr 530 v. Chr. in Benares den fünf Jüngern, die sich ihm angeschlossen hatten: „Wahrlich, ihr Mönche, das ist die edle Wahrheit vom Leiden: Geburt ist leidvoll, Alter ist leidvoll, Krankheit ist leidvoll, der Tod ist leidvoll, mit Unlieben vereint, von Lieben getrennt sein ist leidvoll, nicht erlangen, was man begehrt, ist leidvoll, kurz, die fünf Gruppen von Daseinsfaktoren, die das Hängen an der Welt verursachen, sind leidvoll."[9]

Die Konsequenz ist deutlich und einfach: nicht am Leben und nicht an der Welt zu hängen.

Als Buddha starb, wurde weit entfernt Sophokles geboren; etwa hundert Jahre nach Buddhas erster öffentlicher Predigt fand die Uraufführung von Sophokles' Alterswerk statt: *König Ödipus*. Das Stück gilt uns allerdings erst heute als kostbarstes und reifstes Werk. Die zeitgenössischen Athener schreckten davor zurück, denn ‚Ödipus' zerstört die Vorstellung, dass der Gerechte, *wenigstens der Gerechte*, Anrecht auf Schonung, Anrecht auf Anteil am Glück hat. Der Chor der Tragödie formuliert es so: „Dein Beispiel vor Augen, dein Schicksal, ja deines, leidvoller Ödipus, preise ich nichts mehr glücklich von den sterblichen Dingen."

Und ‚Ödipus' entstand in derselben Zeit, wohl im selben Jahrzehnt wie die frühe Fassung des Buches Hiob.

In dieser Zeit nun, an der Wende zum 4. Jahrhundert v. Chr., ereignet sich ein Umbruch im griechischen Denken. Dieser Umbruch wirkt in eine doppelte Richtung. Zum einen setzt sich der Gedanke an ein Jenseits immer mehr durch; zum anderen wird Glück nicht mehr ausschließlich bei den Göttern – die allein man selig preisen kann – oder in leiblichen Genüssen gesucht. Es bekommt einen neuen Ort: die Seele.

Hauptakteure dieser Veränderung sind Platon und sein verehrter Lehrer Sokrates; Platon hat Sokrates' Gedankengut aufgezeichnet und dabei in eine komplette und komplexe Theorie überführt.

Sokrates gehört in die Reihe derer, die für ihre Überzeugung sterben – vielleicht ist er dem einfachen Bauernsohn aus dem Sudentenland ganz nahe. Nietzsche nennt ihn einen „mächtigen Querkopf". Wegen Zersetzung der öffentlichen Moral, wegen anstößiger Fragerei wird Sokrates 399 v. Chr. zum Tode verurteilt. „Wo einer sich selbst auf einen Posten stellt in der Überzeugung, das sei das Beste, da muss er, wie mir scheint, auf alle Gefahr hin ausharren und nicht den Tod noch irgend etwas anderes bedenken außer der Schande", so sagt er in seiner Verteidigungsrede.

Platon schildert in seinem *Gastmahl* die Szene, in der Alkibiades in eine Gesprächsrunde des Sokrates platzt, betrunken, von Gefährten und Flötenspielerinnen begleitet: die Verkörperung unwiderstehlicher Lebenslust. Alkibiades ist schön, reich, verwöhnt, begehrt, Mittelpunkt des gesellschaftlichen Lebens in Athen – ohne Zweifel glücklich. Und dieser Alkibiades preist Sokrates und spricht von der Verunsicherung, die von ihm ausgeht:

„Ich wenigstens, ihr Männer, wenn ich nicht völlig betrunken erschiene, würde schwören und euch sagen, was ich selber von seinen Reden erlitten habe und noch jetzt erleide. Denn wenn ich sie höre, klopft mir das Herz noch viel stärker als den korybantischen Tänzern, und Tränen entströmen mir unter seinen Worten … Von diesem Marsyas bin ich so oft in einen solchen Zustand versetzt worden, dass es mir schien, es lohne sich nicht zu leben, wenn ich so bliebe, wie ich bin … Bei ihm allein von allen Menschen ist mir widerfahren, was wohl keiner in mir suchen würde: dass ich mich vor irgend jemandem schäme … Ich entlaufe ihm also und fliehe ihn … Und oftmals würde ich es gerne sehen, wenn er nicht mehr unter den Menschen weilte; wenn das aber geschähe, wäre ich, wie ich wohl weiß, noch viel betrübter: Ich weiß also nicht, wie ich es mit diesem Menschen halten soll." (Symposion 215a–216b)

Alkibiades aber ändert sich nicht, er schämt sich lieber weiter. Wovor aber schämt er sich? Vor einer Person und deren Anspruch – dem Anspruch, nicht nur vergnügt, sondern gut zu leben.

In Platons Dialog „Gorgias" stellt sich schließlich machtvoll die entscheidende Frage: Ist ein Tyrann, einer, der alles kann und darf, der tut, was er will, einer, der ein ungehindertes Leben führt, damit auch glücklich?

„Polos: Also du, Sokrates, wünschest nicht, dass dir freistände zu tun, was dir gut dünkt in der Stadt, lieber als es nicht zu können, und bist nicht neidisch, wenn du einen siehst, der ums Leben gebracht hat, wen es ihn beliebte, oder des Eigentums beraubt oder ins Gefängnis gesetzt?"

Aber Sokrates ist ganz und gar nicht neidisch und Polos fragt irritiert danach, ob er denn lieber einem Tyrannen unterworfen sein wolle als selbst Tyrann zu sein:

„Du also wolltest Unrecht leiden lieber als Unrecht tun?"

Nun antwortet Sokrates nicht in unserer christlichen Erwartung: *Aber natürlich!*, sondern er sagt: „Ich wollte wohl keines von beiden; müsste ich aber eines von beiden, Unrecht tun oder Unrecht leiden, so würde ich vorziehen, lieber Unrecht zu leiden als Unrecht zu tun." (Gorg. 468e–469c)

Für Sokrates liegt das Glück nicht in den äußeren Dingen, Ereignissen oder Umständen; es ist von ihnen völlig unabhängig. Es besteht in der tief empfundenen Moral und dem eigenen Anspruch, dem zu genügen. Unglück gibt es nicht für einen guten Menschen. Im wahrhaft guten Leben verschwindet der Unterschied von Glück und Moral. Das moralische Leben ist immer glücklich und das wahrhaft glückliche auch und immer moralisch – und beides auch, wie in Sokrates' eigenem Leben, angesichts eines ungerechten Todesurteils.

Nun ist diese traumhafte Einheit von Glück und Moral nicht umsonst zu haben. Den Preis, der dafür zu entrichten ist, benennt die platonische Ideenlehre. Weil das Wahre, Ewige, Unvergängliche sich nicht in der Welt der Dinge, der Sinnenwelt, befindet, ist auch das, was wir normalerweise Glück nennen, nur ein unvollkommenes Abbild seiner Idee. Was wir unter Glück verstehen mögen – keine Schmerzen zu haben, nicht verachtet zu werden, Bedürfnisse erfüllt zu bekommen, all „die zerbrechlichen Geschenke des Zufalls,“[10] wie Kleist sie nennt – verdient damit den Namen nicht.

Und so gibt es nur die *Idee des Glücks* wirklich, alles andere Glück ist bloße lückenhafte, unvollkommene Teilhabe an dieser Idee. Die einzig wahrhaft Glücklichen unter den Menschen sind diejenigen, die sich um die Erkenntnis der Idee des Glücks bemühen: die Philosophen.

Das platonische Ineinsfallen von Glück und Moral geschieht so unter der Voraussetzung, dass das Glück eine leib-lose, vielleicht leblose Idee ist. Es ist keine körperliche, zeitliche, zeitgebundene Wirklichkeit, denn es ist unbeeinflussbar durch äußere Umständen und Dinge. Das Glück ist innen – und das in einer sehr viel radikaleren Innerlichkeit als in Pascals Studierzimmer. Die Überzeugung, der Tugendhafte sei immer glücklich und die Schlechte immer unglücklich, wird erkauft durch die Abstraktheit des Glücks. Andernfalls, so Sokrates, und er soll hier vorläufig das letzte Wort behalten, müsste man denjenigen als glücklichsten Menschen schätzen, der die Krätze hat und sich immer kratzen kann.[11]

Glück und Moral: entschiedene Scheidung

Die andere mächtige Position der Philosophiegeschichte in Sachen Glück und Moral verbindet sich mit dem Namen Kant. 1804 stirbt er in Königsberg – und seine letzten Worte, so wird überliefert, seien gewesen: „Es ist gut."[12]

Kant, der ein typisch deutscher Gelehrter gewesen sein muss, pedantisch, pünktlich, umständlich, ist es nun, der die lange und nicht immer ganz vorbildliche Ehe zwischen Glück und Moral für beendet erklärt; er fordert lauthals die Scheidung. „Man muss bedauern", so heißt es in der Kritik der Praktischen Vernunft, „dass die Scharfsinnigkeit dieser Männer ... unglücklich angewandt war, zwischen äußerst ungleichartigen Begriffen, dem der Glückseligkeit und dem der Tugend, Identität zu ergrübeln."[13] Was Kant hier äußert, ist aber mehr als nur höfliches Bedauern; denn schon zuvor heißt es scharf:

„Die Ehrwürdigkeit der Pflicht hat nichts mit Lebensgenuss zu schaffen; sie hat ihr eigentümliches Gesetz, auch ihr eigentümliches Gericht, und wenn man auch beide noch zu sehr zusammenschütteln wollte, um sie vermischt, gleichsam als Arzneimittel, der kranken Seele zuzureichen, so scheiden sie sich doch alsbald von selbst, und, tun sie es nicht, so wirkt das erste gar nicht, wenn aber auch das physische Leben hierbei einige Kraft gewönne, so würde doch das moralische ohne Rettung dahin schwinden."[14]

Was als Arzneimittel für die kranke Seele gedacht ist, die Vermischung von Glück und Moral, ist also in Wirklichkeit deren Todesstoß.

Kant teilt den Verdacht der Gegner des Sokrates, dass die Moral auf Kosten des Glücks gehe, das moralische Leben also gerade nicht unter einer Glücksverheißung steht. Bei ihm aber folgt daraus nicht der Zweifel an der Richtigkeit der Moral – den wird später Nietzsche formulieren. Im Gegenteil: Dass ein Mensch genötigt sein kann, sein Glück zugunsten der Moral hintanzustellen oder aufzugeben, wird gerade zur Bestätigung der moralischen Lebensführung. Denn das Glück ist ein so unbestimmter Begriff, dass er nicht dazu taugt, das Leben nach ihm auszurichten. Wahre Moral muss unabhängig von der Orientierung am eigenen Wohlergehen verstanden und gelebt werden. Das ‚Muss' ist eines in Großbuchstaben, denn wäre das eigene Glück der Handlungsmaßstab eines Menschen, so folgt daraus, befürchtet Kant, die „Euthanasie ... aller Moral."[15]

Damit gibt Kant das Glück nicht auf – er weist ihm lediglich einen neuen Platz zu: Die Ansprüche auf Glückseligkeit solle man nicht aufgeben – „nur, sobald von Pflicht die Rede ist, darauf gar nicht Rücksicht nehmen"[16]. Das ‚nur' darf nicht unterschätzt werden; es ist nichts weniger als eine „negative Formulierung des Kategorischen Imperativs":[17]

„Aber diese Unterscheidung des Glückseligkeitsprinzips von dem der Sittlichkeit ist darum nicht sofort Entgegensetzung beider, und die reine praktische Vernunft will nicht, man solle die Ansprüche auf Glückseligkeit aufgeben, sondern nur, sobald von Pflicht die Rede ist, darauf gar nicht Rücksicht nehmen. Es kann sogar in gewissem Betracht Pflicht sein, für seine Glückseligkeit zu sorgen; teils weil sie (wozu Geschicklichkeit, Gesundheit, Reichtum gehört) Mittel zur Erfüllung einer Pflicht enthält, teils weil der Mangel derselben (z. B. Armut) Versuchungen enthält, die Pflicht zu übertreten. Nur, seine Glückseligkeit zu befördern, kann unmittelbar niemals Pflicht, noch weniger ein Prinzip aller Pflicht sein."[18]

Dieser Sieg der Pflicht über das Glück hatte die eigentliche Wurzel der Moral freilegen wollen. Doch ehe dadurch die Moral radikalisiert wurde, wurde das Glück moralisiert: aus der Moral entwurzelt und der Unmoral übergeben.

Das Glück wird, wie Ludwig Marcuse formuliert, zur kleinen Hofdame ihrer neuen Majestät: der Moral[19] – und seiner neuen gesellschaftlichen Stellung entsprechend wird das Glück irrelevant für die großen Fragen der Menschheit, gleichzeitig beliebig und austauschbar.

Glücksphilosophie der Gegenwart

Das Glück als kleine Hofdame der Moral: eine Hofdame, die sich nicht ohne Würde, aber fraglos unterordnet, in entscheidenden Augenblicken im Hintergrund verschwindet und meist ohne Eigeninteressen dient – dieses Bild passt so gar nicht mehr in unsere Welt, in der das Glück sich in den Vordergrund geschoben hat. Nun gibt es inzwischen Stimmen in der Philosophie und Theologie, die eine abendländische Tradition kritisieren, durch die das Glück unmoralisch und die Moral lebensfeindlich geworden ist. Das Glück soll wieder in sein Recht eingesetzt werden – auch und gerade innerhalb des moralischen Diskurses. In diesem neuen Nachdenken über ein gutes Leben wird deutlich, dass der Konflikt zwischen Glück und Moral bleibt und nicht einfach wegzuargumentieren ist.

Dieser Konflikt erscheint dann – etwa bei dem Philosophen Martin Seel – als Konflikt zwischen dem, was ich will, und dem, was die anderen wollen, als Konflikt der Bedürfnisstrukturen.[20] Wer glücklich sein will, stellt die eigenen Bedürfnisse in den Vordergrund; wer moralisch sein will, achtet die Bedürfnisse anderer. Glück und Moral fallen hier weder zusammen *(Das moralische Leben ist immer glücklich, und das wahrhaft glückliche auch und immer moralisch)*, noch sind sie absolut voneinander getrennt *(sobald von Pflicht die Rede ist, auf Glücksansprüche gar nicht Rücksicht nehmen)*. Stattdessen soll die Spannung ausgehalten werden, die zwischen beiden entsteht. Die „agonale", die kriegerische Ethik, wie Martin Seel sie nennt und sich dabei auf Bernard Williams und Martha Nussbaum beruft, sieht im Konflikt zwischen Glück und Moral gerade keinen Angriff auf die Moral, sondern das Kennzeichen von Moral überhaupt: „In einem Konflikt *zwischen* moralischem und Eigeninteresse", so heißt es bei Seel, „kann daher überhaupt nur stehen, wer fähig ist, Interessenkonflikte auf *moralische* Weise wahrzunehmen und auszutragen ..."[21] Diesen Konflikt gilt es, so die Grundthese der agonalen Ethik, nicht zu beseitigen, sondern zu bewältigen.

Was bedeutet das? Was liegt hinter und unter der Idee, das Glück sei nur zu haben im Konflikt zwischen Bedürfnisstrukturen?

Zunächst die Lebenserfahrung – denn allzu oft stellt sich das alltägliche Leben genau so dar: Die Rücksichtnahme auf andere nötigt uns immer wieder, die eigenen Bedürfnisse zurückzustellen; oder eben auf Kosten anderer den eigenen Bedürfnissen den Vorrang zu geben. Manchmal ist es relativ einfach: Wir singen nicht laut, obwohl uns vielleicht danach zumute wäre, wenn diejenigen neben uns schlafen wollen. Wir bieten dem alten Herrn einen Platz an, auch wenn wir selbst gerne sitzen würden. Wir essen die freundlich angebotene Speise, auch wenn wir lieber anderes hätten. Dies sind harmlose Beispiele, die unser Glück kaum längerfristig beeinträchtigen mögen. Es gibt aber auch andere: Was, wenn in einer Partnerschaft die Möglichkeiten befriedigender Berufsausübung für zwei Menschen kollidieren? Wenn das Bedürfnis nach Erfolg und Anerkennung dem Bedürfnis der Familie entgegensteht? Wenn die Hilfe, die andere von mir benötigen, mich nicht nur stört, sondern gefährdet? Dann wird deutlich, dass dieser Konflikt zwischen Bedürfnisstrukturen, wenn er ernst wird, nicht aus der Welt zu schaffen ist und auch nicht mit Konventionen und Höflichkeiten zu lösen ist. Solche ernsten Konflikte können dem Leben eine eigene Wendung geben, und in diesen ernsten Konflikten entscheidet sich immer wieder, wer ein Mensch ist.

Aber nicht nur die Lebenserfahrung liegt einer Ethik zugrunde, die Glück in den Konflikt der Bedürfnisse hineinnimmt, sondern auch eine spezifische abendländische philosophische Tradition. Das Zentrum dieser Tradition ist die Deutung des Menschen: Das menschliche Ich nämlich wird als autonom, als frei und unabhängig gedacht. Für dieses Ich, dessen Grenzen und dessen Glück, ist der andere Mensch eine Bedrohung; es ist ein autonomes, freies, unabhängiges Ich, das grundsätzlich als männliches Ich erscheint. Für frühbürgerliche Denker wie Hobbes und Rousseau ist der Mensch im Naturzustand der edle Wilde, der allein die Wälder durchstreift, oder er ist – in Hobbes'scher Metaphorik – den Pilzen vergleichbar, die ohne Kontakt zueinander plötzlich aus dem Boden schießen. Die Geschichte des autonomen männlichen Selbst dreht sich um den Verlust, der aus dem Dasein anderer Menschen erwächst, und um die Bewältigung dieses Verlustes. Moral besteht aus dem gründlichen Abwägen der eigenen Rechtsansprüche mit den Rechtsansprüchen anderer, die als widersprüchlich oder kriegerisch gedacht werden. Die agonale, kriegerische Ethik zeigt sich so als postmoderne und individualisierte Variante des Gesellschaftsvertrags, die das Glück an die Stelle des Rechts setzt. Fortuna und Justitia, die beiden Damen mit den Binden auf den Augen, haben lediglich die Plätze getauscht.

Vielleicht sollte man den beiden Damen besser die Augenbinden abnehmen. Denn ihre Unparteilichkeit, die auf solche Weise sichergestellt werden sollte, zeigt sich als Blindheit eigener Art. Es ist eine Blindheit, die zwei Fragen nicht zulässt: Die Frage nach einem männlichen und die Frage nach einem weiblichen Menschenbild. Denn das dieser Tradition zugrunde liegende Menschenbild ist gespalten: Es gibt ‚den Menschen', der andere zunächst als Bedrohung sieht, als Bedrohung der eigenen Autonomie, der eigenen Ich-Grenzen, der eigenen Bedürfnisse und des eigenen Glücks und der in all seiner vermeintlichen Neutralität den männlichen Menschen repräsentiert. Und daneben gibt es, als Schatten, den ‚anderen' Menschen, dessen Kennzeichen die Selbstlosigkeit des Selbst und die verhinderte Selbstwerdung ist, mangelnde Autonomie und mangelnde Grenzen, eine Unfähigkeit zum *eigenen* Glück. Dies ist das Menschenbild, das traditionellerweise weibliche Geschlechterrollen prägte. Dabei ist hier nicht einfach eines der Bilder ‚besser' als das andere, sinnvoller, näher am Glück. Beide sind in dieser Spaltung einseitig, unvollständig und bringen einseitige, unvollständige und letztlich unglückliche Lebensentwürfe hervor.

Wenn wir das Zimmer verlassen und den Lebens-Kontext philosophischer Glücks-Diskurse unserer Zeit betrachten, dann sehen wir, dass sich draußen – vor dem Fenster des Zimmers – der Glücksbegriff in einer neuen Weise emanzipiert. Vor dem Fenster findet das Leben statt, das von einer Vielfalt neuer Therapieformen und neuer religiöser Formen – und der Vermengung beider – geprägt ist und das in einer umfassenden Kommerzialisierung und Ästhetisierung des Lebens schon längst nicht mehr im Namen der Pflicht gegen das Glück kämpft. Vielmehr wird hier, vor den Fenstern der Studierzimmer, der Zwang zum Glück verordnet – als Zwang zur Verwirklichung des Selbst, zur Erkenntnis der eigenen Bedürfnisse, zum Ausleben der eigenen Wünsche. Vor diesem Hintergrund, der zunehmend zum Vordergrund geworden ist, erscheinen einige der modernen philosophischen Glücksritter als Don-Quichote-Figuren, die eigentlich merken müssten, dass die Prinzessin, die sie aus dem Schlaf erwecken wollen, längst auf allen Hochzeiten tanzt.

Denn der theoretischen Ausgrenzung des Glücks folgte deren Auswanderung aus dem philosophisch-theologischen Diskurs in die *popular culture,* die Pop-Kultur. Heute findet der Glücksdiskurs in der Popmusik, den Fernsehserien und der Werbung statt und präsentiert dort das Glück so vollkommen und abstrakt, dass man meint, das platonische Glück zu sehen – allerdings mit Preisschildern versehen und häufig im Sonderangebot. Wie orientieren wir uns in einer Situation, in der weder das platonisch-abstrakte, von äußeren Umständen unabhängige Glück, noch das kantisch-private, für die rechte Lebensführung irrelevante Glück und auch nicht das Glück der Kaffee- und Margarinewerbung als verheißungsvoll erscheinen?

Geerdetes Glück

Hier bekommen wir noch einmal Denk-Hilfen aus einer anderen Zeit. Das Glück sei nicht etwas, das dem Leben wie ein Mantel umgehängt oder wie ein Schmuckstück hinzugefügt wird, heißt es in der *Nikomachischen Ethik* des Aristoteles (I,9) – der seinerseits Platons Schüler war, der Schüler, von dem sein Lehrer sagt, er habe gegen ihn ausgeschlagen wie ein junges Füllen gegen die eigene Mutter ausschlägt.[22] Aristoteles, der die Wahrheit nicht *hinter*, sondern *in* den Dingen sucht, erzählt in seinem biologisch-anatomischen Buch *Über die Glieder der Geschöpfe* die berühmte Anekdote über den berühmten Heraklit, den die Besucher, seinem Status völlig unangemessen, in der Küche finden und zögern anzusprechen. Tretet ein, ermuntert er sie, habt keine Angst, auch hier sind die Götter.[23]

In dieser Anekdote zeigt sich die philosophische Grundentscheidung des Aristoteles: Der Ort des Glücks ist nicht nur das Studierzimmer und auch nicht ein nur selten benütztes Wohnzimmer. Der Küchengeruch, der dem Glück damit möglicherweise anhaftet, ist nichts Unrühmliches mehr. Das Glück wird geerdet.

Aristoteles' Glücksbegriff der *eudaimonia* wird in der Regel als *Glückseligkeit* übersetzt, im Englischen als *happiness*. Diese Übersetzung ist problematisch, denn sie deutet an, die aristotelische *eudaimonia* sei ein Gefühl, ein psychischer Zustand der Euphorie etwa. *Eudaimonia*, das Glück, aber ist für Aristoteles das höchste aller Güter, das man durch Handeln erreichen kann, eine Aktivität. Das Glück der *eudaimonia* ließe sich damit eher übersetzen als ‚ein gutes Leben führen', als ‚menschliches Gedeihen'.[24]

Wenn das Glück geerdet wird, wenn es nicht Jenseits der Welt und jenseits des Lebens, nicht jenseits der Küche, der Sorge und des Ernstes liegt, dann hat dies Konsequenzen: Betrachten wir das Glück als Aktivität, als menschliches Gedeihen, dann ist der Konflikt zwischen Glück und Moral schon in den Glücksbegriff hineingenommen. Der und die andere in seinen und ihren Bedürfnissen und Rechten ist nicht ein Faktor, der von außen auf das Glück zukommt und es entweder respektiert oder bedroht, sondern selbst die Substanz des Glücks. Glück und Moral existieren nicht in einer ausgehaltenen Spannung nebeneinander, sondern ineinander – es ist ein Ineinander ohne Identität, zwei verschiedenfarbige Fäden im selben Stoff. Moralische Konflikthaftigkeit gehört damit zur Grundstruktur des Glücks.

Die zweite Konsequenz: Das geerdete Glück wird verletzbar. Anders als das abstrakte oder jenseitige Glück grenzt es jederzeit an das Unglück und ist ihm jenseits aller moralischen Rechtschaffenheit ausgesetzt. Dass man nur gut zu sein braucht, um glücklich zu werden, ist eine Rechnung, die nicht mehr aufgeht. Glückseligkeit als *eudaimonia* ist damit, wie der englische Rhetoriker und Bischof des 19. Jahrhunderts, Richard Whately, formuliert, *nichts zum Lachen*[25] – jedenfalls nicht immer und andauernd; zu sehr gefährdet ist sie. Dennoch ist sie der einzige Ort, an dem das Lachen denkbar ist: Dem platonischen Glück ließe sich allenfalls ein entrücktes Lächeln entringen, das Kantische Glück kann vor lauter Vorsicht nicht lachen und das Glück der agonalen Ethik ist noch dabei, verbissen sein theoretisches Recht auf das Lachen zu verteidigen. Glück ist damit nicht etwas, das, wenn der Ernst des Lebens erledigt ist, das Nötige und Lästige, als Zugabe dazukommt. Es ist nicht der Mantel und nicht das Schmuckstück; es ist der Ernst des Lebens selbst: das gefährdete, bedrohte, manchmal auch bedrohliche menschliche Gedeihen.

Die dritte Konsequenz aus dem Glücksbegriff der *eudaimonia* bezieht sich auf die Orte der Wissenschaft, des Geistes, des Nachdenkens über das Glück. Diese Orte sind keine Ort jenseits der Welt, keine Studierzimmer mit dem Rücken zur Welt. Es sind Orte, die sich die Auszeit der Reflexion zugestehen, diese eigene Reflexion aber der Welt aussetzen, sie mit der Welt und die Welt mit ihr konfrontieren und sie nicht aus Angst vor Korrosion, Wasserflecken oder Vandalismus allenfalls hinter Glas ausgewählten Betrachtern präsentiert.

Es sind die Dichter, deren Thema die *eudaimonia* ist, das zutiefst menschliche Glück in dieser Welt, das, weil es in dieser Welt ist, nicht absolut und unendlich, sondern verletzbar und gefährdet ist.

Gehen wir also noch einmal zurück an den Beginn der europäischen Literaturgeschichte; da ist noch ein anderer, der genauso wenig wie Achill ruhig in seinem Zimmer geblieben ist: Odysseus. Er befindet sich aber, als das Epos beginnt, an einem Ort, der noch wesentlich reizvoller erscheint als das gemütliche und geschützte Zimmer; er ist sozusagen auf einer Insel der Seligen, auf der Insel der Göttin Kalypso, die sich ihn zum Gemahl wünscht. Kalypso versucht, ihn zum Bleiben zu überreden, indem sie ihm die Unsterblichkeit anbietet, sich selbst – zu ihrem Vorteil – mit Penelope vergleicht und ihm die Leiden, die ihm auf der Heimfahrt drohen, vorhersagt.[26]

„Zürne mir darum nicht, ehrwürdige Göttin!“, antwortet ihr Odysseus: *„Ich weiß es selber zu gut, wie sehr der klugen Penelopeia Reiz vor deiner Gestalt und erhabenen Größe verschwindet;*

denn sie ist nur sterblich, und dich schmückt ewige Jugend. Aber ich wünsche dennoch und sehne mich täglich von Herzen, wieder nach Hause zu gehen und zu schaun den Tag der Zurückkunft."[27]

Odysseus, für den der Glückstraum der ganzen Menschheit zum Greifen nahe ist – Unsterblichkeit, ewige Jugend, dauernde Freude, unversiegbare Lust –, wählt statt dessen das ganze menschliche Paket: Sterblichkeit, Gefahr und Risiko, Schmerz, eine unvollkommene und sterbliche Frau. Als Leser, Leserinnen sind wir froh über diese Wahl, denn wäre sie anders ausgefallen, wäre auch die Geschichte mit ihrem Anfang schon zu Ende; denn was dann käme, wäre bestenfalls langweilig: Freude, Liebe und Freundlichkeit ohne Ende, keine Risiken, keine Opfer, keine Unterbrechungen, kein Leid, kein Kummer, nichts Unvorhergesehenes, keine Kinder. Und nicht einmal die Lust wäre mehr interessant: „Beide gingen zur Kammer der schöngewölbten Grotte", so heißt es von Odysseus und Kalypso, „und genossen der Lieb und ruheten nebeneinander."[28] Für Odysseus und Penelope klingt das anders:

„Jene, nachdem sie die Fülle der seligen Liebe gekostet, wachten noch lang, ihr Herz mit vielen Gesprächen erfreuend. Erst erzählte das göttliche Weib, wie viel sie im Hause von dem verwüstenden Schwarme der bösen Freier erduldet, wie sie um ihretwillen die fetten Rinder und Schafe scharenweise geschlachtet und frech im Weine geschwelget. Dann erzählte der Held, wie vielen Jammer er andern Menschen gebracht und wie viel er selber vom Schicksal erduldet. Und die Königin horchte mit inniger Wonne; kein Schlummer sank auf die Augenlider, bevor er alles erzählet."[29]

Odysseus hat die Insel der Seligen und die eigene Unsterblichkeit gegen ein menschliches Leben getauscht. Er ist zu Penelope zurückgekehrt.

Pascal, misstrauisch gegen das Glück, meint, es könne nur im Vergessen der eigenen Sterblichkeit liegen.[30] Gerade religiöses Sprechen über den Menschen aber könnte sich auf das Wagnis einlassen, das immanente, unvollkommene, gefährdete Glück des Menschlichen zu beschreiben, zu schätzen und zu fördern; es zu befreien von der Last des Ewigen und es damit zurückzuholen aus dem Reich des Abstrakten, Beliebigen oder Jenseitigen. Das geerdete und gefährdete Glück, das Glück des sterblichen Menschen, ist das Glück als Ernst des Lebens, das in seinem Ernst vielleicht auf die Güte, Kostbarkeit und Schönheit der Endlichkeit verweist.

Hier liegt auch eine mögliche Antwort auf die in die Popularkultur ausgewanderte Glücksprinzessin. In den Vorabendserien des Fernsehens wird die Unvollkommenheit, Hinfälligkeit und Sterblichkeit des Menschen als Dramatisierung auf dem Weg zum Ewigen gebraucht, das dann als einzig wahres und wirkliches Glück zählt. Darin sind die Fernsehserien und Hollywoodfilme – bei allem intellektuellen Naserümpfen – eine Banalisierung und Zuspitzung unserer Träume und Lebensentwürfe. Sie alle sind umgekehrte Odysseen, die durch den Sturm der Meere direkt auf Kalypsos Insel zuhalten.

Von Homer könnten wir lernen, dass es auch eine entgegengesetzte Reise gibt. Die Theologie, die von Gott spricht und darum das unvollkommene, gefährdete und menschliche Glück beschreiben, schätzen und fördern kann, könnte dazu ermutigen, dass sich diese Reise lohnt. Und wir könnten begreifen, dass es außer der seligen Langeweile auf Kalypsos Insel, und wäre sie eingerichtet wie Pascals Studierzimmer, noch eine Menge anderer Ziele gibt.

2. Kapitel

Glück im Selbst?

Fragezeichen

Ein Buch herausgeben, das aus lauter Fragezeichen besteht. Die Fragen befinden sich oben auf jeder Seite, darunter ist Raum für, sagen wir, fünf Eintragungen, die durch fünf Jahreszahlen gekennzeichnet sind. Alle fünf Jahre soll etwas eingetragen werden, eine Antwort auf die oben gestellten Fragen. Die könnten, um nur einige Beispiele zu nennen, etwa lauten: Haben Sie noch ein Gefühl für die Schönheit der Natur? Glauben Sie noch an das Gute im Menschen? Wen würden Sie bei einer Katastrophe zuerst retten, sich selbst, Ihre Frau oder Geliebte, Ihren Mann, Ihre Kinder, Ihren Freund. Wie stehen Sie zur Kriegsdienstverweigerung? Wie oft am Tage denken Sie an den Tod? Und so weiter. Das Spannende wäre, ob die Antworten immer gleich, oder, im Lauf der Jahrfünfte, verschieden ausfallen, und warum gleich, warum verschieden. Haben wir uns denn gar nicht entwickelt, können wir uns selbst nicht treu bleiben, was ist mit uns geschehen.

Marie Luise Kaschnitz[31]

Vom Entgleisen biographischer Strukturen

Kaschnitz' Überlegungen richten sich an die Leser und sind zugleich eine Art Selbstgespräch der Autorin. Sie geben eine klare Struktur vor – und das Buch, von dem hier die Rede ist, kann man sich gut vorstellen: eine Frage, eine leere Seite und der Auftrag, diese Frage jeweils im Abstand von fünf Jahren zu beantworten. Der Bezugsrahmen der Fragen ist nicht absolut und liegt nicht außerhalb der Person. Der Bezugsrahmen ist die Person selbst – als Frage nach ihrer Entwicklung und ihrer Identität und dem Konflikt zwischen Veränderung und Treue zu sich selbst: „Haben wir uns denn gar nicht entwickelt, können wir uns selbst nicht treu bleiben, was ist mit uns geschehen."

Kaschnitz' hypothetische Fragen beziehen sich auf Kernpunkte unseres Lebens, auf Orte, an denen sich entscheidet, wer wir sind. Immer wieder aber entscheiden wir auch über die Orte, an denen sich entscheidet, wer wir sind.

Das Selbst ist heute eines der zentralen Themen des Glücks. Dass wir zu dem Menschen werden, der wir sind, und der Mensch bleiben, der wir sein wollen, ist zum unabänderlichen Bestandteil, aber auch zur andauernden Sorge des glücklichen Lebens geworden: Glück liegt im Sich-Finden, Unglück im Sich-Verlieren.

„Jedes Leben sei zu führen,
Wenn man sich nicht selbst vermisst;
Alles könne man verlieren,
Wenn man bliebe, was man ist."

So heißt es schon, modern, bei Goethe: „Höchstes Glück der Erdenkinder / Sei nur die Persönlichkeit."[32] Was allerdings genau man verfehlt, wenn man ‚sich verfehlt', ist nicht ohne weiteres klar.

Dass das Glück überhaupt im Selbst gesucht wird, ist ein Zeichen der Zeit. Nicht immer war die grundlegende biographische Frage die Frage nach der besten oder ‚richtigen' Entwicklung des Selbst – danach, wer wir sind, wer wir waren, was wir werden und ob ein Glück in alldem stecke. Bis vor nicht allzu langer Zeit, in bestimmten Gesellschaftsschichten bis weit ins 20. Jahrhundert hinein, war der biographische Weg gerade nicht von der kontinuierlichen Frage nach dem Selbst bestimmt, sondern von drei Faktoren: der Genealogie, der Geographie, dem Geschlecht.

Die Genealogie bestimmte den Ort in einer Familie, in einem Stand oder einer sozialen Klasse, häufig in einem Beruf oder einer Berufsgruppe, in und auf einem bestimmten Niveau des materiellen und geistigen Lebens: als Sohn des Taglöhners und seiner Frau, des Bäckermeisters und seiner Frau, des Lehrers und seiner Frau. Die Geographie lieferte eine präzise Bindung und damit auch Prägung: als Lehrersohn im Schwarzwalddorf oder in Hamburg. Und das Geschlecht zeichnete jeweils einen von zwei möglichen biographischen Wegen vor: der Lehrersohn wird wieder Lehrer, die Lehrertochter heiratet einen. So bildeten Genealogie, Geographie und Geschlecht den Rahmen, die Grenze, aber auch das Gerüst des Lebens. Das Ich wird durch Rahmen, Grenze und Gerüst etabliert und geprägt, und das Leben erstreckt sich zwischen Rahmen, Grenze und Gerüst. Sowohl das eigene Selbstverständnis als auch die Anerkennung von außen wird dadurch gefiltert und gelenkt. Fragt man in dieser historischen Situation nach dem biographischen Glück, so zeigt es sich zweifach: Zum einen als Glück der Umstände, die glücklich oder weniger glücklich sein mögen; der umgrenzte Raum enger oder weiter, gefährdet oder bequem, machtlos oder mächtig. Zum anderen erweist sich das Glück als die Fähigkeit, innerhalb dieser Umstände gut zu leben, die Umstände zum eigenen Vorteil nutzen zu können oder den eigenen Vorteil so zu deuten, dass er mit den Umständen zusammentrifft.

Das Ausbrechen aus Genealogie und Geographie, aus Familienstand und Heimatgebundenheit, in gewisser Weise auch aus dem Geschlecht, ist Thema der Literatur – der tragischen Literatur zumeist.

So wurde das wilhelminische Deutschland, gut hundert Jahre vor Prinzessin Diana und Monica Lewinsky, von der Ardenne-

Affäre erschüttert. Ardenne, Rittmeister bei den Düsseldorfer Husaren und Baron, verwundete im Duell den (angeblichen) Geliebten seiner Frau, der eine ähnlich populäre gesellschaftliche Stellung hatte. Der (angebliche) Geliebte stirbt, Ardenne wird zu Festungshaft verurteilt und nach einigen Wochen begnadigt. Die Frau, um die es eigentlich *nicht* geht – denn es geht bei der Auseinandersetzung um Männerehre – ist Elisabeth Freiin von Plotho; sie wurde für Theodor Fontane Vorbild der Effi Briest, der jungen Frau, die den Ausbruch versucht und dabei untergeht.

Am Beginn von Fontanes Geschichte begegnet uns Effi Briest gemeinsam mit ihrer Mutter im Garten. Effi kann nicht bei ihrer Näharbeit bleiben, weil sie sich dauernd bewegen muss. „Effi, eigentlich hättest du wohl Kunstreiterin werden müssen“, sagt die Mutter. „Immer am Trapez, immer Tochter der Luft. Ich glaube beinah, dass du so was möchtest.“[33] Und die Mutter hat Recht. Effi ist die „Tochter der Luft“; sie ist keine Revolutionärin, die wissend und bewusst gegen soziale Einschränkungen rebelliert; sie ist das Kind, das die Grenzen des sozialen Lebens gern weit unter sich sähe. Und am Ende der Geschichte klingt es so:

„So verging der Sommer … Effi hatte während dieser Nächte bis über Mitternacht hinaus am Fenster gesessen und sich nicht müde sehen können. ‚Ich war immer eine schwache Christin; aber ob wir doch vielleicht von da oben stammen und, wenn es hier vorbei ist, in unsere himmlische Heimat zurückkehren, zu den Sternen oben oder noch drüber hinaus! Ich weiß es nicht, ich will es auch nicht wissen, ich habe nur die Sehnsucht.‘

Arme Effi, du hattest zu den Himmelswundern zu lange hinaufgesehen und darüber nachgedacht, und das Ende war, dass die Nachtluft und die Nebel, die vom Teich her aufstiegen, sie wieder aufs Krankenbett warfen, und als Wiesike gerufen wurde und sie gesehen hatte, nahm er Briest beiseite und sagte:

‚Wird nichts mehr; machen Sie sich auf ein baldiges Ende gefasst.'“[34]

Die Konsequenz ist einfach: Wer die Luft bewohnen will, lebt gefährlich; ein Sohn der Luft mag Luftschlösser bauen und sich lächerlich machen; die „Tochter der Luft“ überlebt es nicht.

Effi Briest ist tot – inzwischen in mehrfachem Sinn. Denn auch der Tod, den sie gestorben ist, scheint – zumindest für viele westliche Lebensverhältnisse – tot zu sein: der Tod an der unverrückbaren Normalität des Lebens.

Heute, für die Urenkelinnen der Effi Briest, ist, so eine Formulierung Ulrich Becks, aus der *Normal*biographie die *Wahl*biographie geworden.[35] Die Lebensverhältnisse haben sich verändert, die biographischen Strukturen sind vielgestaltig geworden. Individualisierung heißt das Schlagwort. Die manchmal vage, manchmal präzise, aber immer vorgeformten Biographien des schwäbischen Bäckermeistersohnes, der holsteinischen Lehrertochter sind zu Bastelbiographien geworden. Das heißt nicht, dass die begrenzenden Bereiche – Genealogie, Geographie, Geschlecht – bedeutungslos geworden sind. Deren Bedeutung hat sich aber verschoben und in der Regel stark reduziert. Die *Genealogie,* das Geborenwerden in eine bestimmte Familie, wird zumeist nicht mehr automatisch oder offen in den Auftrag umgewandelt, den status quo aufrecht zu erhalten – den Handwerksbetrieb weiterzuführen oder der Familienehre zu entsprechen. Inzwischen ist schon der globale Wirtschaftswunder-Wunsch – *Die Kinder sollen es besser haben* – abgelöst worden durch den Selbstverwirklichungswunsch: *Sie sollen es genau so haben, wie sie es wollen, wie es ihnen entspricht.* Wie sehr sich im Einzelfall immer noch die Vorstellung vom Erhalt des Familienbesitzes, geistiger oder materieller Art, und der Familienehre dahinter verbirgt, ist sogar für die unmittelbar Betroffenen schwer zu entscheiden.

Die Festlegung der biographischen Struktur durch eine bestimmte *Geographie*, durch einen festgelegten Ort in der Welt, ist einer großen Mobilität gewichen. Der noch am stärksten wirksame begrenzende Faktor ist der dritte: das *Geschlecht*. Es ist durchaus möglich – mit etwas Übung allerdings – seine Herkunft aus der Bauern- oder Bankiersfamilie genauso für sich zu behalten wie die Herkunft aus Kirchentellinsfurt oder Hamburg. Das Geschlecht ist deutlich schwerer zu verbergen, und ein solches Verbergen liegt meist auch nicht im Interesse der handelnden Menschen. Das bedeutet aber, dass jede und jeder mit ihrer und seiner geschlechtlichen Prägung auch die Geschichte des Geschlechts mit sich trägt. Derjenige, der mich anders ansehen, einschätzen und ansprechen würde, wenn er wüsste, ob mein Vater Kleinbauer oder Manager war, wird mich mit Sicherheit anders ansehen, einschätzen und ansprechen, weil er weiß, dass ich eine Frau bin.

Die Bastelbiographie, auf die wir alle zurückgeworfen sind, hat damit immer noch ihre Prägungen, ihre festen und unverrückbaren Bestandteile. Neu ist, dass sie – mit ihren mehr oder minder gewichtigen und großen Einzelteilen – in einen Bausatz integriert werden muss, dessen Anleitung verloren gegangen ist: Wie das Endprodukt aussehen soll, kann uns keiner mehr sagen.

Historisch gesehen haben wir damit eine große biographische Freiheit erworben, die neben allen Gefährdungen und Unsicherheiten, die nun einmal Begleiterscheinung der Freiheit sind, noch eines mit sich bringt: einen erheblichen Arbeitsaufwand. Allein schon das Basteln ist anstrengender und zeitraubender als das Verwenden eines Fertigprodukts; das Basteln ohne Anleitung aber macht zudem eine andauernde Überprüfung des hypothetischen Bauplans und immer wieder eine Revision des schon Erarbeiteten nötig. Und womöglich im Dunkeln zu basteln, macht die Sache nicht leichter; im Dunkeln befinden wir uns jedenfalls, wenn eine Situationsbeschreibung zutrifft, die von Franz Kafka stammt. Er beschreibt in einem kleinen Prosatext Eisenbahnreisende, die in einem langen Tunnel verunglückt sind:

„… *und zwar an einer Stelle, wo man das Licht des Anfangs nicht mehr sieht, das Licht des Endes aber nur so winzig, dass der Blick es immerfort suchen muss und immerfort verliert, wobei Anfang und Ende nicht einmal sicher sind …*

Was soll ich tun? oder: Wozu soll ich es tun? sind keine Fragen dieser Gegenden.“[36]

Kafka beschreibt hier keine jener vereinzelten Katastrophen, bei denen die guten Sitten außer Kraft gesetzt werden, weil es ums Überleben geht. Es ist kein Abenteuerbericht – oder doch nur einer von sehr eigener Art. Kafkas Text ist ein Gleichnis: „Wir sind“, so beginnt er, „mit dem irdisch befleckten Auge gesehen, in der Situation von Eisenbahnreisenden, die in einem langen Tunnel verunglückt sind …“

„Wir“ heißt für Kafka: *wir moderne Menschen* – und sein Text, vor etwa einem Jahrhundert entstanden und von Kafka zum Verbrennen bestimmt, erweist sich am Anfang des 21. Jahrhunderts als prophetisches Wort. Denn das Bild der Dunkelheit im Tunnel wirft Licht auf unsere heutige Situation: Zwischen Anfang und Ende, theologisch gesprochen zwischen Schöpfung und Erlösung, erleben sich die Menschen in Dunkelheit. Das Licht, das von diesen beiden transzendenten und transzendierenden Punkten ausgeht, ist fast verschwunden.

Die Dunkelheit des Tunnels verdunkelt aber nicht nur die Frage nach Transzendenz, sondern auch die Frage nach der immanenten Situation des Menschen, nach seinem Lebensweg. Lebenswege liegen heute nicht mehr von Anfang bis Ende überschaubar und klar vor uns. Wo früher eine Biographie – mit Haltepunkten und Weichenstellungen – in klaren Bahnen, auf deutlichen Geleisen verlief, scheinen heute die biographischen

Strukturen zerbrochen, entgleist zu sein. Nicht nur ist aus der Normalbiographie die Wahl- und Bastelbiographie geworden; auch die Zeiten, in denen mit konstanten Strukturen der Lebenswelt gerechnet werden kann, werden immer kürzer. Die moralische Frage *Was soll ich tun?* und die Frage nach einem deutlichen und konkreten Lebensziel *Wozu soll ich es tun?* sind, so Kafkas Erzähler, „keine Fragen dieser Gegenden". Wo der Horizont fehlt, werden diese Fragen nach dem guten, glücklichen, sinnvollen Leben selbst zweifelhaft.

Selbstverwirklichung

Aber sage einer, die Menschen seien nicht erfindungsreich. Wir haben uns gut eingerichtet im Tunnel und Möglichkeiten gefunden, diese Fragen – *Was soll ich tun und wozu soll ich es tun?* – dennoch zu stellen – auf neue Weise. Wo kein Licht von außen mehr sichtbar ist, muss die Leuchtkraft aus dem Selbst kommen. Das Selbst und die Fragen nach seiner Erforschung und Verwirklichung rücken ins Zentrum der Lebensanstrengung und bringen einen Lebensstil hervor, der immer wieder, halb achtungsvoll, halb hämisch, als ‚Tanz um das goldene Selbst' beschrieben wird.

In seiner großen Studie über die „Erlebnisgesellschaft"[37] erforscht Gerhard Schulze die neuen gesellschaftlichen Organisationsformen innerhalb der vielfältig gewordenen biographischen Strukturen. Jede Gesellschaft ist in Ähnlichkeitsgruppen aufgeteilt: Stände und später soziale Klassen haben sich heute in diffusere Milieus hinein aufgelöst. Diese Milieus sind nicht vorgegeben, sondern werden gewählt. Äußere Zeichen spielen zur gegenseitigen Erkennung und eigenen Selbstdarstellung eine große Rolle: Sprache, Umgangsformen, Kleidung, körperliche Merkmale, Wohnkultur, Freizeitverhalten.

Das sichtbarste dieser Milieus ist für Schulze das „Selbstverwirklichungsmilieu" – denn der Drang nach Selbstdarstellung braucht ein Publikum. Und es ist dieses Milieu, das eine klare Frage nach dem Glück stellt.

Die Rhetorik der Selbstverwirklichung bedient sich der Symbolik der unabgeschlossenen Entwicklung. Deutliches Sprach-Zeichen dafür ist die Umdeutung des Wortes ‚Trip': Der ‚Trip' ist nicht mehr der Zustand nach Einnahme von Drogen, sondern eine beliebige Passagesituation innerhalb der Biographie: Familientrip, Therapietrip, Eigenheimtrip, Geldtrip, Alternativtrip, Karrieretrip, Sporttrip etc. Die Kontinuität innerhalb einer Biografie ist damit nicht abgeschafft, sondern sie wird umgedeutet: Beständigkeit und Dauer kommt demjenigen oder derjenigen zu, der oder die innerhalb dieser wechselnden situativen Arrangements jeweils das gleiche Programm verfolgt: die Entwicklung des Selbst, des ‚inneren Kerns'.

Denn genau dies ist das entscheidende und entscheidend Neue am Selbstverwirklichungsmilieu. Ältere Milieus formen sich, indem sie ihr Lebensprogramm mit Bezug auf eine bestimmte Weltsicht definieren, die dem Ich seinen Kurs gibt. Das Selbstverwirklichungsmilieu bringt bei seiner Wirklichkeitskonstruktion die Welt in Kurs auf das Ich. „Sie", so sagt Schulze über die ‚Selbstverwirklicher', „denken – so bin ich – wie kann die Welt für mich passend gemacht werden?"[38] Es ist das Selbst des Menschen, der ‚Innere Kern', auf den hin Welt überhaupt betrachtet wird.

Was aber ist das Glück der Selbstverwirklicher?

Es ist in einem Zirkelschluss wieder das Selbst, das aber höchst gefährdet und bedürftig ist. Das Glück ist damit keineswegs sorgenfrei, sondern bewegt sich innerhalb der nur kurzfristig zu besänftigenden Sorge, man könne sich selbst verfehlen.

Respektlos beschreibt die „Salatkopftheorie" diesen Vorgang:

„Jedes ‚Selbst', jedes Individuum, ist für sich ein wunderbarer, unverwechselbarer Salatkopf, der sich aus eigenen, unversiegbaren Quellen speist; Wunder, Heil und Vollendung sind in seinem Samen angelegt. Er kann und muss sich entfalten, sich verwirklichen zum möglichst makellosen, unverbildeten Selbst, mit allen Wundern und Freuden im eigenen Herzen. Die Welt mit ihren Einwirkungen und Zumutungen, die müsste ihn nur in Ruhe lassen, um mögliche Traumata – durch Hagelschlag, Dürre, Schneckenfraß und die Köchin – zu vermeiden."[39]

In einer Zeit rasanter Veränderungen wandeln sich allerdings auch das Milieu und die Anstrengungen der Selbstverwirklichung. ‚Selbstverwirklichung' gilt nicht mehr nur für die Gruppe jüngerer gebildeter Menschen, sondern ist zu einer gesellschaftlichen Normalität geworden. Indem Selbstverwirklichung zur Normalität wird, wird sie zugleich kommerzialisiert, so dass heute die Werbung für beliebige Massenprodukte auf das Aufspüren und die ‚richtige' Darstellung des Selbst zielt. Aus dem überreichen Markt müssen nun diejenigen Produkte und Dienstleistungen ausgewählt werden, die die glücklichsten Erlebnisse versprechen. Sowohl Angebot als auch Nachfrage unterliegen einer klaren Steigerungslogik und werden extremer. Extremsportarten versprechen den ‚Kick'; illegale Drogen sind nicht mehr nur Begleiterscheinungen gravierender sozialer Probleme bei Jugendlichen, sondern Eingangstüren zu glücklichen Erlebnissen. Die Steigerungslogik besagt, dass es mehr Erlebnisse – mehr Glück – in kürzerer Zeit geben muss. Dem entgegen steht die ernüchternde Erkenntnis, dass die Anzahl der Menschen, die von sich sagen, sie seien ‚glücklich', seit den fünfziger Jahren nahezu konstant geblieben ist.

Die Formen der Selbstverwirklichung wandeln sich konstant – nicht, indem sie ganz anders werden, sondern indem neue Strömungen integriert werden. So entstehen, als Gegengewicht zum möglichen Scheitern von Glückserlebnissen, Strategien der Distanz. ‚Coolness' ist der paradoxe Gegenentwurf des Wunsches nach Erlebnis durch Unbeteiligtsein. Globalisierung, neue Armut und soziale Ungleichheiten hinterlassen ihre Spuren, verändern aber nicht die zentrale Idee: „Man handelt ‚erlebnisrational'; man kauft und entsorgt, wählt Partner und trennt sich, reist hierhin oder dorthin, zappt und hält inne – kurz, man arrangiert die Welt im Hinblick auf sich selbst, orientiert an der Kernidee, durch Management des Äußeren gewünschte innere Wirkungen zu optimieren."[40]

Wie aber gehen die neuen und alten Selbstverwirklicher um mit eigentlich unkündbaren Verpflichtungen, mit eigentlich unverrückbaren Gegebenheiten? Was geschieht, wenn die Sorge um das Selbst mit der Sorge um andere kollidiert? Welche Rolle spielt die Kontingenz des Lebens, die prinzipielle Offenheit menschlicher Erfahrungen? Welche Rolle spielen politische Situationen, die zu Engagement herausfordern? Was kommt nach der Selbstverwirklichung?

Dies sind Fragen nach der Lebensphilosophie und den ausgesprochenen oder unausgesprochenen Grundüberzeugungen, die der Selbstverwirklichung zugrunde liegen. Hier wird als Lebensphilosophie – zumindest von den Kritikern – der Narzissmus genannt.

Was aber geschieht, wenn entweder der selbstverliebte Narziss oder dessen Gegenbild, Ödipus, zu Leitbildern werden? Welchen Einfluss haben sie auf die Entwicklung von Identität – und welchen Einfluss haben sie auf die Entwicklung unterschiedlicher Identitäten in unterschiedlichen Geschlechterrollen? Wo liegt das hier entworfene (oder vorgeschriebene) „Glück im Selbst" für männliche und weibliche Identitäten?

Der schöne *Narziss*, in der griechischen Mythologie von Artemis mit unheilbarer Selbstliebe bestraft, verbringt seine Zeit damit, sein eigenes Spiegelbild im Teich zu bewundern – solange, bis seine Selbstliebe ein tragisches Ende nimmt. Oscar Wilde aber erzählt diese alte Geschichte weiter und schreibt damit unvermutet eine neue.

Nach dem Tod des Narziss, so heißt es bei Wilde,

„verwandelte sich der Teich seines Vergnügens aus einer Schale Süßwasser in eine Schale salziger Tränen, und die Oreaden kamen weinend durch das Waldland, damit sie für den Teich singen und ihm Trost spenden könnten.

Sie … sprachen: ‚Es wundert uns nicht, dass du auf diese Weise um Narziss trauerst, so schön war er.'

‚Aber war Narziss denn schön?', sagte der Teich.

‚Wer sollte es besser wissen als du?', antworteten die Oreaden. ‚An uns ging er immer vorüber, dich aber suchte er auf und mochte an deinen Ufern liegen und auf dich niedersehen, und im Spiegel deiner Wasser mochte er seine eigene Schönheit spiegeln.'

Und der Teich antwortete: ‚Ich aber liebte Narziss, weil ich, wenn er an meinen Ufern lag und auf mich nieder blickte, im Spiegel seiner Augen stets meine eigene Schönheit gespiegelt sah.'"[41]

In mehrfachen Spiegelungen erscheint hier die Geschichte des sich spiegelnden Narziss. Sie ist mit dem Tod des Narziss nicht zu Ende, sondern setzt sich fort in der Trauer des Teichs um *sein* Spiegelbild. Die Haltung des Narziss hat sich ausgedehnt auf seine Welt.

Narzissmus ist zunächst ein Begriff der Psychoanalyse. Der *primäre Narzissmus* ist kein Krankheitsbild, sondern eine normale und notwendige frühe Stufe menschlicher Entwicklung, in der

der Säugling noch nicht zwischen sich und der ersten Bezugsperson, in der Regel der Mutter, unterscheidet und die Befriedigung seiner Bedürfnisse als Ergebnis der eigenen Allmacht deutet. Kann sich dieser primäre Narzissmus nicht entfalten – entweder dadurch, dass dem Säugling durch Vernachlässigung zu viel Raum gegeben wird oder dadurch, dass ihm von einer selbst narzisstisch geprägten Mutter zuwenig Raum gelassen wird, um eigene Gefühle und Empfindungen zu entwickeln – kann sich beim heranwachsenden oder erwachsenen Menschen ein *sekundärer Narzissmus* entwickeln. Dessen erstes Kennzeichen ist das Verwischen der Grenzen zwischen dem Selbst und der Welt. Größenphantasien und Ohnmachtsgefühle wechseln sich ab. „Das Hauptkennzeichen narzisstischer Persönlichkeiten", so formuliert Otto Kernberg, ist

„eine extrem egozentrische Einstellung und ein auffälliger Mangel an Einfühlung und Interesse für ihre Mitmenschen, so sehr sie doch andererseits nach deren Bewunderung und Anerkennung gieren. Sie empfinden starken Neid auf andere, die etwas haben, was sie nicht haben, und sei es einfach Freude am Leben. (...) Was besonders auffällt, ist das Fehlen echter Gefühle von Traurigkeit, Sehnsucht, Bedauern; das Unvermögen zu echten depressiven Reaktionen ist ein Grundzug narzisstischer Persönlichkeiten."[42]

Die unentwegte Suche nach Bewunderung verstrickt die narzisstische Persönlichkeit in Abhängigkeiten, die sie zugleich fürchtet, so dass Beziehungen eher glatt und oberflächlich gestaltet werden:

„‚Die ideale Beziehung wäre für mich eine Zweimonatsbeziehung', sagte ein Patient. ‚Auf diese Weise würde es keinerlei Verpflichtungen geben. Nach Ablauf der beiden Monate würde ich das Verhältnis ganz einfach abbrechen.'"[43]

Was der Narziss damit liebt, ist: sich selbst, und sich selbst liebt er für die ‚richtige' Erscheinung, für das ‚richtige' Auftreten. Ein Mensch wie Adolf Eichmann wird von Arno Gruen damit als Narziss charakterisiert:

„Als Eichmann der Aufzählung der ungeheuerlichen Verbrechen zuhörte, die man ihm zur Last legt, zuckte er mit keiner Wimper .... Als aber der Präsident des Gerichtshofes ihn daran erinnerte, dass er aufzustehen habe, wenn er mit ihm rede, überschlug er sich förmlich in Entschuldigungen, geriet ins Stottern und wurde schamrot."[44]

Mit dieser psychoanalytischen Theorie des Narzissmus geschieht nun das, was bei Oscar Wilde mit Narziss geschah: Das Einzelphänomen weitet sich aus auf eine Welt. Der amerikanische Historiker Christopher Lasch war einer der ersten, der die Zeitdiagnose ‚Narzissmus' stellte. Für ihn ist der Narzissmus so sehr zum Symptom der Zeit geworden, dass das ursprüngliche Krankheitsbild sich in ein Bild der Normalität verwandelt hat. Denn Narzissmus ist, so Lasch, die beste Art und Weise, „sich den Spannungen und Ängsten des modernen Lebens gewachsen zu zeigen"[45].

Prägend für das moderne Leben ist für Lasch besonders eines: Der Verfall des historischen Zeitgefühls. Der heutige Mensch scheint für sich und für den Augenblick zu leben, nicht im Gefühl einer historischen Kontinuität und der Folge von Generationen, die aus der Vergangenheit in die Zukunft reichen. Seine Bedürfnisse richten sich deshalb auf momentane Befriedigung. Er leidet nicht an einem Zuviel, sondern an einem Zuwenig an Schuldgefühlen, so dass der *schuldige* vom *tragischen* Menschen ersetzt zu werden scheint, dessen Hauptproblem nicht das Problem verhinderter Befriedigung, sondern misslungener Selbstverwirklichung ist.

Das Zuwenig an Schuldgefühlen wird von der Kulturkritik des Narzissmus an einem bestimmten sozial- und geistesgeschichtlichen Phänomen festgemacht: dem Fehlen des Vaters, als dessen Rolle und Aufgabe die Tradierung der Moral und die Ausprägung des Gewissens gesehen wird. Die als narzisstisch kritisierte Gesellschaft wird zur *vaterlosen* Gesellschaft; die fehlende väterliche Autorität erscheint als der Krisenpunkt, auf den sich alle Merkmale kultureller Dekadenz konzentrieren. Als einziger Ausweg aus der narzisstischen Gesellschaft zeigt sich damit der Weg zurück zu einer Vater-zentrierten Tradition, der Weg zurück zum kulturellen Leitbild des Ödipus: „Wo Narziss war, soll Ödipus werden!“[46]

Ödipus, selbst Vater, wird als mythologische Gestalt in der Figur des Sohnes wahrgenommen. Es ist der Sohn, der in Unwissenheit um dessen Identität seinen Vater tötet, die Mutter als Frau zugesprochen bekommt und Kinder mit ihr zeugt. Als er die Wahrheit erfährt, zieht Ödipus die Konsequenz. Er unterwirft sich selbst dem Fluch, den er über den Mörder des Laios ausgesprochen hat, blendet sich und verlässt die Stadt.[47]

In diesem Akt des Aufsichnehmens von Schuld wird Ödipus zur Leitfigur für moralische Entwicklung. Er ist kein unbesiegter und strahlender Held, kein nur guter und reiner Heiliger, sondern ein schuldverstrickter Mensch, der zu Selbstdistanz und Selbstverurteilung fähig wird.

Um diese mythische Figur des Ödipus entwickelt Freud einen Diskurs, der später als Kernpunkt der gesamten Freud'schen Theorie erkannt wird: die Entwicklungskrise, die den Namen ‚Ödipuskomplex‘ bekommt und die Freud als „Quelle unserer individuellen Sittlichkeit“[48] bezeichnet. Der Ödipuskomplex ist dabei mehr als nur der typische kindliche Entwicklungskonflikt im Dreieck der Kernfamilie; er ist der Knotenpunkt menschlicher Entwicklung, an dem das Kind sowohl mit dem Unterschied der Geschlechter als auch mit dem der Generationen konfrontiert wird.

Im vierten oder fünften Lebensjahr, so die Quintessenz des Ödipuskomplexes, liebt der Junge die Mutter und will sie besitzen, die Stelle des Vaters einnehmen. Die Macht des Vaters, konkretisiert in der Kastrationsdrohung, bewegt ihn aber dazu, den Inzestwunsch aufzugeben. Er verinnerlicht das väterliche Verbot und mit ihm die väterliche Autorität. Das Über-Ich erfüllt nun die Funktion des Vaters in seinem Innern. Die Lösung des Ödipuskomplexes wird damit Voraussetzung und Ausgangspunkt für die Entwicklung einer eigenständigen Moral: Nicht mehr eine drohende Autorität und der Wunsch nach Zustimmung und Beifall lenken das moralische Handeln, sondern die Funktionen von Gewissen und Selbstkontrolle.

Wo Narziss war, soll Ödipus werden

In diesem theoretischen Zusammenhang scheint die Forderung ‚Wo Narziss war, soll Ödipus werden', durchaus einleuchtend zu sein. Die Wiedereinsetzung des (guten) Vaters zeigt sich als hoffnungsvolle Perspektive, die aus der narzisstischen Gesellschaft hinausführen könnte.

Genauso aber, wie Oscar Wilde darauf aufmerksam gemacht hat, dass die Geschichte des Narziss mit dessen Tod noch nicht zu Ende ist, lohnt es sich, heute darauf aufmerksam zu machen, dass die Geschichte des Ödipus nicht erst dort beginnt, wo Freuds Rezeption beginnt. Die kulturelle Wahrnehmung des Ödipus-Mythos, auf die Freud zurückgreift und die er weiter prägt, zeigt einen Mythos mit einem gereinigten Vaterbild.[49]

Ändert man den Blickwinkel, so erscheint im Mythos eine andere Geschichte:

Es ist die Geschichte des Vaters Laios, dem das Orakel verkündet, sein Sohn werde zum Vatermörder werden. Laios verstößt daraufhin seine Frau Iokaste, ohne ihr einen Grund zu nennen.

Sie macht ihn betrunken, lässt sich schwängern und bringt einen Sohn zur Welt. Laios entführt den neugeborenen Sohn, durchbohrt seine Füße, bindet sie zusammen und setzt ihn auf den Berg Kithairon aus. Ödipus wird wundersamerweise gerettet und wächst in dem Bewusstsein auf, Sohn der korinthischen Königin Periboia und ihres Gatten König Polybos zu sein. Als das Delphische Orakel dem Jüngling verkündet, er werde seinen Vater töten und seine Mutter heiraten, erschrickt er zutiefst und verlässt aus Liebe zu seinen Eltern zu Fuß die Stadt. Am Engpass zwischen Delphi und Daulis trifft er auf Laios, der ihm befiehlt, für seinen Wagen den Weg freizumachen. Ödipus weigert sich, weil er, wie er sagt, nur die Götter und seine Eltern als weisungsberechtigt anerkennt; vom Wagen des Laios, den Laios einfach weiterfahren lässt, wird er am Fuß verletzt. Daraufhin tötet Ödipus im Zorn den Wagenlenker. Laios, der sich in die Zügel verwickelt hat, wirft er vom Wagen und peitscht auf die Pferde ein, so dass Laios zu Tode geschleift wird.

Nachdem Ödipus das Rätsel der Sphinx gelöst und die Stadt Theben damit von ihr erlöst hat, rufen die Thebaner ihn dankbar zum König aus und geben ihm Iokaste zur Frau.[50]

Fasst man die *ganze* Geschichte in den Blick, so klingt sie anders: Der künftige und nach langer Kinderlosigkeit ersehnte Sohn wird als Vatermörder vorgestellt. In der Geschlechterfolge aber, im Überleben des Sohnes und in dessen Anspruch auf den Platz des Vaters innerhalb der Gesellschaft ist ein – metaphorischer – Vatermord mit assoziiert. Die Begegnung zwischen Laios und Ödipus unterstützt eine Deutung, die das Orakel als metaphorische Prophezeiung versteht: Ort der Handlung ist ein Engpass, an dem nicht beide, sondern nur einer von beiden weiter kann; der Vater verletzt den Sohn zweimal am Fuß: dessen Fähigkeit, auf eigenen Füßen zu stehen, soll verhindert werden; die Zügel, die der Vater als Vater in der Hand hält, werden zur Todesfalle: Er verwickelt sich in sie und kann sich nicht mehr befreien.

Eine mögliche – und vernachlässigte – Lesart der Ödipus-Geschichte ist so die *Geschichte des Vaters*, für den Machtverlust und Tod eines ist und der darum versucht, die Generationenfolge zu unterbrechen und den Sohn zu töten.

Wenn wir die ganze Geschichte in den Blick nehmen, zeigen sich die Doppeldeutigkeiten, die mit dem kulturellen Leitbild des Ödipus verbunden sind. Es steht nicht mehr allein für Gewissensbildung und Inkulturation, sondern auch für den Versuch der Fixierung einer Tradition und des Unterbrechens der Generationenfolge. Statt zu gewährleisten, was der narzisstischen Gesellschaft fehlte – das historische Zeitgefühl –, entsteht hier durch den versuchten Sohnes- und den vollzogenen Vatermord eine neue Form der Zeit- und Zukunftslosigkeit.

So stehen wir heute zwischen den kulturellen Leitbildern des Narziss und Ödipus und scheinen hier in einem Entweder-Oder gefangen zu sein – entweder Narziss oder Ödipus: Entweder eine ungebrochene Tradition oder Traditionslosigkeit, entweder die umfassende Autorität des Vaters oder die Demontage des Vaterbildes, entweder keine Freiheit oder eine Form der Freiheit, die Beliebigkeiten produziert, entweder eine geliehene moralische Identität oder eine zerfallende moralische Identität.

Diese kulturellen Leitbilder des Narziss und des Ödipus stellen für Frauen keine offenen Perspektiven dar: Die Frauen und Mütter, Echo oder auch Iokaste, sind mit dem Hintergrund verschmolzen. Zugleich liegt diesem Entweder-Oder von Narziss und Ödipus ein anderes Entweder-Oder zugrunde, das in diese Figuren selbst eingeschrieben ist. Es ist das Entweder-Oder einer Welt, die zwischen Vater und Sohn verhandelt wird, während Mütter, Töchter, Schwestern nicht vorhanden sind oder verlassen werden müssen. So muss sich der

Junge in der von Freud beschriebenen ödipalen Konstellation von der identifikatorischen Liebe zur Mutter trennen, um er selbst werden zu können. Er erlangt seine Identität auch als Geschlechtsidentität, indem er das Gefühl des Andersseins verabsolutiert: „Ich bin in nichts wie die, die mich bedient und für mich sorgt."[51] Männliche Selbstwerdung geschieht durch Loslösung und Abtrennung; Erfahrungen des Einsseins, des Verschmelzens, der Harmonie sind gefährliche regressive Gegensätze zur Selbstwerdung. Die so gedachte Freiheit ist nur im Tausch gegen Liebe zu haben. Für die traditionelle männliche Entwicklung wird damit Unabhängigkeit auf Kosten der Liebe erreicht; für die traditionelle weibliche Entwicklung, in der das Mädchen durch Identifikation und Einfühlung mit der Mutter ein Selbst bildet, ist Liebe auf Kosten der Freiheit und Unabhängigkeit zu haben.

Von Beginn an ist ein Säugling fähig zu sozialen Kontakten und auf sie angewiesen. Wechselseitige Anerkennung ist für menschliches Leben, so Jessica Benjamin, dem Sonnenlicht für die Photosynthese vergleichbar.[52] Dieses Grundbedürfnis nach Anerkennung steht neben einem zweiten Grundbedürfnis: dem nach Autonomie und Selbstbehauptung. Beide Bedürfnisse sind in gleicher Weise elementar. In traditionellen Selbstwerdungsprozessen scheinen sich Autonomie und Anerkennung auszuschließen. Vom Standpunkt der Autonomie wird jede Form der Anerkennung als Abhängigkeit gedeutet, vom Standpunkt der Anerkennung wird jedes Streben nach Autonomie zur Verbindungslosigkeit. Wenn aber Beziehung zu anderen Menschen und die Abhängigkeit von ihnen mit Selbstaufgabe und Selbstverlust gleichgesetzt werden, muss das Bedürfnis nach dem anderen in Herrschaft über ihn umgewandelt werden. Eine gelingende Entwicklung könnte dagegen als *Prozess der Balance* verstanden werden, eine Balance zwischen Selbstbehauptung und Beziehungsfähigkeit, eine offene, ausgehaltene Spannung von Loslösung und Verbundenheit, Autonomie und Anerkennung.

Die spezifische Ausweglosigkeit sowohl der narzisstischen als auch der ödipalen Situation ist in einer solchen misslingenden Balance verankert. Im vaterlosen Kontext der narzisstischen Haltung verschwimmen die Ich-Grenzen, Bindungen an und Verantwortung für andere werden unmöglich. Im mutterlosen oder Mutter-negierenden Kontext der ödipalen Haltung werden die Ich-Grenzen starr und tiefe Bindungen bedrohlich.

Narziss und Ödipus, der eine in die Betrachtung des eigenen Spiegelbildes versunken, der andere verstrickt in die Angst des Vaters; sie sind kulturelle Bilder, an denen unser Weltverhältnis genauso sichtbar wird wie die Modelle, nach denen sich Identitätsbildung vollzieht. Das ‚Glück im Selbst', das sich innerhalb der Selbstverwirklichungskultur häufig als oberflächliche Ästhetisierung zeigt, bekommt hier eine entwicklungspsychologische Perspektive, die ihm vorsichtig einen – allerdings prekären und unsicheren – Ort zuschreibt, den Ort auf dem Drahtseil: in der Balance zwischen Autonomie und Anerkennung.

Selbstwerdung in der Pubertät

Für die Selbstwerdung sind die Pubertät und die einsetzende Geschlechtsreife die kritischen Punkte, an denen vorgeprägt wird, was Mann- und Frausein bedeutet und welches Glück davon zu erwarten ist. Kulturelle Leitbilder entwickeln hier eine besondere Wirkung.

Beginnen wir mit der Frage nach der männlichen Pubertät und kehren wir mit dieser Frage zurück an den Beginn des 20. Jahrhunderts.

Ernst von Salomon, 1902 geboren, wird als Zwölfjähriger einer jener Kadetten, die seinem 1933 veröffentlichten autobiographischen Roman den Titel geben.[53] Das Leben in der Kadettenanstalt, vor allem das Leben eines ‚Neuen', wird hier präzise und voller Hochachtung vor dem pädagogischen System beschrieben.

Jede Art der sozialen Beziehung in der Kadettenanstalt ist hierarchisch; die Hierarchie unter den Kadetten organisiert und repräsentiert sich durch Strafgewalt nach unten und Befehlsempfang von oben. Der Tagesablauf ist lückenlos, geplant und öffentlich; kein noch so kleiner privater Raum bleibt übrig. Die Strafen der Kadetten untereinander sind Körperstrafen – „Schmerzensgeld wird gezahlt, eine andere Währung gilt nicht."[54] Die „Dickfelligkeit", die der Kadett sich nach kurzer Zeit zulegt, ist eine Vorform des Panzers. Im Leben des Kadetten gibt es einen entscheidenden Wendepunkt: der Moment, an dem er seine „Sackzeit" beendet. Denn „Säcke" heißen alle neuen Kadetten, „und so werden sie behandelt: ausgeleert, ausgeklopft, neu gefüllt"[55]:

„Offiziell aber nahm die Sackzeit ein Ende, als eines Tages unter dem Jubel der alten Kameraden die Säcke einzeln herunter gebeten wurden ins Kompaniezimmer, in welchem ein Zahnarzt aus der Stadt mit seinen Instrumenten hantierte. Und es geschah, dass jeder Sack sich auf das Stühlchen setzen musste, der Zahnfips, wie er von den Kadetten genannt wurde, fummelte eine Weile mit seiner Zange im weit geöffneten Mund des armen Delinquenten und zog dann nacheinander und mit sicherem Griff sämtliche noch vorhandenen Milchzähne aus. Während ich über den Eimer gebeugt stand und unter dem teuflischen Grinsen des Zahnfipses Blut spuckte, erzählte mir Glasmacher

zum Trost, früher sei es auch noch Sitte gewesen, die Säcke in der Revierstube antreten zu lassen und ihnen ein gehöriges Maß von Rizinus einzufiltrieren, um sie solchermaßen auch von innen zu reinigen.“[56]

Ein Initiationsritus von weltverändernder Bedeutung – „und es geschah“ – findet hier statt: Der Körper wird gereinigt von jeder Erinnerung an das Kind, das er war, ein mit Milch genährtes Kind, ohne Kontrolle über seine Ausscheidungen, in seiner gesamten Existenz abhängig von seiner Mutter. Statt Milch zu säugen, muss nun Blut gespuckt werden, eine Art männliches Menstruationsblut, das den jungen Mann aus der Beziehung zur Mutter herauskatapultiert.

„*Allmählich merkte ich*“, so heißt es unmittelbar darauf, „*wie sich mein Körper straffte, wie ich an Sicherheit der Haltung gewann. Wenn ich an die kindlichen Spiele zu Hause zurückdachte, erfüllte mich bittere Scham. Es war freilich unmöglich geworden, sich fortan anders denn mit Würde zu bewegen. Manchmal schoss ein unsinniger Wunsch nach Freiheit auf, er zerschellte an der sicheren Richtung des Willens; das zu tun, was befohlen war, seht, das wog jede Freude an ungebundenem Schweifen doppelt auf … Eine Kluft trennte mich von den Sitten und Gebräuchen des sogenannten Elternhauses, die ich zu überspringen weder Lust noch Zwang verspürte. Gerade jegliche Art der fürsorglichen Teilnahme schien mir durchaus unerträglich, und der breite Strom mütterlichen Empfindens ließ mich wünschen, wieder in der härteren Luft des Korps zu atmen.*“[57]

Ernst von Salomon beschreibt hier eine zweite Geburt und deren Folgen, die Ichwerdung – und das heißt: die Mannwerdung – eines Kindes mit allen Konsequenzen. Die Sicherheit der Haltung, die Würde der Bewegung sind äußere Zeichen und äußere Sicherheiten, die vor allem eine Aufgabe haben: die Leere des Innenraums, wo Freiheit unsinnig und das Gehorchen als Freude erscheint, vor dem eigenen und erst recht vor dem nun als fremd erscheinenden mütterlichen Blick zu verdecken.

Heute ist der Kontext der Kadettenanstalt verschwunden; das Ideal des Militärischen hat sich, ohne dass dessen Ideal ganz gebrochen wäre, in eine Reihe anderer, zum Teil entgegengesetzter Ideale eingefügt.

Der symbolische Kern des beschriebenen blutigen Initiationsrituals ist aber damit nicht aus der Gesellschaft verschwunden. Denn für den Männerkörper ist auch heute häufig die erste, ursprüngliche, mütterliche Geburt nicht genug. Er muss „umgeboren“[58] werden, damit er nicht länger das schwache Kind der Mutter bleibt, sondern zum ‚richtigen‘ Mann werden kann. Im „Umgebären“ geschieht mehr als die notwendige Loslösung des Kindes aus der ursprünglichen Symbiose mit der Mutter. In kulturellen traditionellen Zusammenhängen beinhaltet diese Loslösung für den Jungen auch eine Erfahrung des grundsätzlichen Andersseins. Im umzugebärenden Körper kehrt sich diese erste tiefe Erfahrung des Andersseins um und wird zu der Erfahrung, dass nicht man selbst, sondern die Mutter – und insgesamt der weibliche Part des Lebens – anders ist, abweichend, nicht der Norm entsprechend.

Diese zweite Geburt ist eine gesellschaftliche, institutionelle.

Der umgeborene Körper ist dann einer, der ‚passt‘. Er verfügt über ein „äußerst direktes, ... unmittelbares Verhältnis zur politischen, militärischen, technologischen Macht“[59]. In diesem Zusammenhang entstehen in Philosophie und Politik Entwürfe männlicher Formen des Gebärens und Geborenwerdens. Sie reichen von – mutterlosen – Weltgeburtsmodellen der Philosophie[60] bis hin zu der verschlüsselten Nachricht, die Winston Churchill während der Potsdamer Konferenz bekam („Babies satisfactorily born“ – *die Kinder sind gut zur Welt gekommen*), den erfolgreich durchgeführten Atombombentest betreffend.[61]

Der Preis für das Leben in dieser so gesicherten, Mann-geborenen Welt ist das Vergessen der ersten Geburt, das Herausreißen der Milchzähne. „Mutters Macht dauert nicht“ ist der Satz, der gelernt wird über dem Eimer, in den man das Blut spuckt. Es ist die Botschaft von der Unzulänglichkeit der Mütter, die ihre Söhne nicht vor dem institutionellen Zugriff auf deren Körper bewahren – sei es, dass sie es nicht wollen, sei es, dass sie es nicht können, machtlos sind gegenüber Vätern, Trainern, Lehrern, Chefs. „Die Attraktionen der Mutter sind zu schwach – lernt der Junge, zu schwach, um woanders damit zu überleben. Wer an ihnen festhält, wird ausgelacht.“[62] Und er bleibt lebenslang einer jener „Säcke“ am untersten Ende der Männerhierarchie.

Dies alles scheint heute der Vergangenheit anzugehören; zwischen Kadettenanstalt und Kindertagesstätte liegen Welten. Die in Veränderung begriffenen gesellschaftlichen Strukturen bringen neue Männer-Bilder, neue Körper-Bilder von Männern hervor, genau wie die gesellschaftlichen Veränderungen auf solchen veränderten Körper-Bildern aufbauen. An die Stelle eines instrumentellen Gebrauchs des Körpers tritt nun der Versuch, sich des Körpers bewusst zu werden, und die Palette der daraus resultierenden Bilder reicht vom sanften, friedfertigen, väter- und mütterlichen bis hin zum ‚Wilden Mann‘[63]. Dennoch scheinen auch diese neuen Körper-Bilder zwiespältig zu sein und ihre Geschichte mit sich zu tragen. Auch für den Männerkörper gilt heute – auf dem Beziehungs- und auf dem Arbeitsmarkt – eine klare Betonung des Äußeren. Gleichzeitig aber ist dieser auf dem Arbeitsmarkt vorausgesetzte Männer-Körper ein in hohem Maße funktionierender und funktionalisierter Körper, dessen Körperlichkeit allenfalls in den hart erarbeiteten Freizeitnischen zum Tragen kommen kann.

Die Kadettenanstalt mag anachronistisch erscheinen; dennoch ist sie in Teilstücken lebendig. Und immer wieder bricht sie, als Symbol, in die zivilisierte Erfahrung des neuen Jahrtausends ein. Folterungen und Massenvergewaltigungen sind nach wie vor Mittel, um Herrschaft zu etablieren. Sie sind Erben einer Selbstwerdung, die in der Kadettenanstalt begonnen hat.

Auch weibliche Selbstwerdung, auch die Entstehung des Frauenkörpers hat ihre eigene kulturelle Tragik.

In viel dramatischerer Weise unterscheidet sich der Mädchenkörper vom zukünftigen Frauenkörper als ein Jungenkörper vom Männerkörper.

Die Pubertät des Mädchens ist so in ganz eigener Weise Umbruch und Krise: Es wird nicht der unreife zum reifen Körper, sondern der Körper selbst wird ein anderer.

Dieser weibliche Körper-Wechsel und Körper-Wandel ist in zahlreichen Mythen präsent – am deutlichsten in den Wasserfrau- und Nixen-Mythen, in denen das Wassergeschöpf, häufig die Frau mit dem Fischschwanz, zum Menschenwesen wird. Melusine ist eine dieser doppelten, doppeldeutigen, Liebe und Angst provozierenden Wandel-Gestalten, Undine eine andere. Es sind weibliche Geschöpfe, die, im Einklang mit antiken Festlegungen, Geschöpfe des Feuchten und Kühlen sind und die erst durch die Liebe eines Menschen-Mannes ihre volle weibliche Gestalt und/oder ihre unsterbliche Seele erhalten. Gemeinsamer Nenner dieser unterschiedlichen Mythen ist die Vorstellung, dass die Frau nicht von Anfang an in vollem Sinn Mensch ist. Sie muss die Sphäre und die Gestalt wechseln. Die neu entstandene Frau mit Beinen, dem Geschlechtsorgan und der unsterblichen Seele aber trägt ihre Geschichte noch mit sich: Sie bleibt fremd, zuweilen unheimlich und un-heimisch in der Welt der Menschen.

Einer der populärsten Mythen der letzten Jahre greift gerade diesen Melusine/Undine-Mythenstoff auf. Die Zielgruppe sind vorpubertäre Mädchen, und der Stoff ist Walt Disneys Popularisierung des Andersen-Märchens „Die kleine Meerjungfrau",[64] das selbst schon eine – bürgerliche – Popularisierung des Mythenstoffs ist. Der Zeichentrickfilm *Arielle, die Meerjungfrau* ist nicht nur wegen der gefälligen Bilder und des Werbeetats zum großen Erfolg geworden, sondern auch wegen der Faszination der erzählten Geschichte:

Arielle, die jüngste Tochter des Meerkönigs, unterscheidet sich durch zwei Dinge von ihren Schwestern – durch ihre zauberhafte Stimme und ihr großes Interesse an der Menschenwelt. Nachdem sie einen schiffbrüchigen Menschenprinzen errettet und sich in ihn verliebt, schließt sie einen Vertrag mit der Meerhexe, der bösen Widersacherin ihres Vaters: Für drei Tage darf sie zur Menschenfrau werden. Der Preis, der dafür zu entrichten ist, ist ihre Stimme. Innerhalb dieser drei Tage muss sie, so die Aufgabe, von einem Menschenmann den ‚Kuss der Liebe' empfangen; missglückt dieses Unternehmen, wird sie auf ewig in einen kleinen, schleimigen Wurm verwandelt.

Die Geschichte findet, anders als das Märchen, schließlich ein gutes Ende. Zugleich sind die Bedingungen für dieses ‚gute Ende' erschreckend: Der menschliche Frauenkörper mit Beinen und dem Geschlechtsorgan statt dem Fischschwanz ist nur zu haben um den Preis der Stimme, und er ist nur dauerhaft durch die Liebe eines Mannes zu diesem mit Beinen und Geschlechtsorgan versehenen, aber stimmlosen, stummen Wesen. Diese Liebe eines Mannes hat einen neuen gesellschaftlichen Status für die Frau zur Folge; verfehlt sie das Erreichen dieses gesellschaftlichen Status, dann wird der Körper der geschlechtsreifen Frau zu einem schleimigen, Ekel erregenden Ding.

Arielle ist so ein weiblicher Pubertäts- und Initiationsmythos mit einer präzisen Botschaft. Es ist die Botschaft von der grundsätzlichen Gefährdung des geschlechtsreifen Frauenkörpers. Nichts an ihm ist selbstverständlich. Seine bloße Existenz ist nur möglich, wenn das Recht auf die eigene Stimme aufgegeben wird. Die Individualität und Subjektivität der (geschlechts)reifen Frau ist damit stumm, ohne Selbstaussage, Selbstvergewisserung und Reflexion, zurückgeworfen auf und identifiziert mit ihrem körperlichen Dasein, ihrem Körper-Bild. Und der Erhalt dieses geschlechtsreifen Körper-Bildes ist abhängig von der sozial wirksamen Zuwendung des Mannes, *ihres* Mannes.

„Undine geht" – so nannte Ingeborg Bachmann ihre Erzählung aus dem Jahr 1961. Nun, so scheint es, ist Undine wiedergekommen.

Wir haben zwei Bilder – ein historisches und ein mythologisches Bild männlicher und weiblicher Selbstwerdung betrachtet, und beides Mal ist das Erschrecken weniger ein Erschrecken vor dem Fremden als ein Erschrecken vor dem Ähnlichen. Die Selbstverwirklichungskultur hat sich untergründig alte Selbstwerdungsmodelle einverleibt.

Nach der Beschreibung der prekären Orte, die sie einnehmen, ist die Frage umso dringlicher zu stellen: Gibt es ein Glück im Selbst? Und wenn ja, was wäre es? Wäre es das Glück, als Original, nicht als Kopie zu sterben?

Wenn wir Identität als die grundlegende Konstellation einmaliger Persönlichkeitsmerkmale definieren, dann wird auch eine Gefahr deutlich: Die Gefahr, dass das, was man in narzisstischen und/oder ödipalen Lebensläufen produziert, keine Identität ist, sondern ein Raster von Verhaltensformen, die entweder auf einer Identifikation mit Angst auslösenden Autoritätsfiguren basieren oder auf einer Identifikation mit populärkulturellen Bildern, die eine andere Art Angst auslösen.

Zwei große Liebesgeschichten, so Alain de Botton,[65] prägen das menschliche Leben: das Bedürfnis nach Liebe, nach Nähe und Geborgenheit in unseren privaten Beziehungen, auch als Bedürfnis nach Sexualität, und das Bedürfnis nach ‚Liebe' von der Welt. Dieses zweite Bedürfnis ist das Bedürfnis nach sozialer Anerkennung, danach, ein ‚Jemand' und kein ‚Niemand' zu sein, einen Platz in der Welt zu haben. Es geht darum, einen Status zu bekommen, und es geht darum, diesen Status zu erhalten.

Glück, so scheint es, ist an den Erfolg dieser beiden Liebesgeschichten und der damit verbundenen Anstrengungen geknüpft.

Dabei sind auch bei dem Streben nach Status und öffentlicher Anerkennung die Menschen heute in einer neuen Situation.

‚Snobs' gibt es in der englischen Sprache seit den zwanziger Jahren des 19. Jahrhunderts. Eine mögliche Quelle dieses neuen Wortes ist die Universitätslandschaft dieser Jahre. In Oxford und Cambridge war es üblich, auf den Prüfungslisten der Studenten hinter dem Namen derjenigen, die ohne Adelstitel waren, „s.nob" zu notieren: sine nobilitate – ohne Adel. Nachdem die „Snobs" also ursprünglich diejenigen ohne angemessenen sozialen Status waren, änderte sich die Bedeutung des Wortes schnell, und zu „Snobs" wurden diejenigen, die auf andere herabsahen.[66]

Nun hat heute zum einen der Herkunftsstatus an Bedeutung verloren, während zum anderen die Information über das tatsächliche oder fiktive Leben derjenigen mit dem höheren Status durch Film, Fernsehen und (Regenbogen-)Presse einfach zugänglich ist. Für diejenigen, die keinem Königshaus angehören, ist der Status in der Regel nicht mehr von Geburt an gegeben, auf dass man ihn würdig ausfülle und weitertrage, sondern der

Status gilt als Ergebnis der eigenen Anstrengung. Wenn der Herkunftsstatus an Bedeutung verliert, so wird nicht Status als solcher bedeutungslos – im Gegenteil: Dort, wo der Status als Ergebnis der eigenen Arbeit, des eigenen Handelns, des eigenen richtigen Lebens gilt, ist das Urteil noch wesentlich schärfer. Zum Unglück von Armut kommt noch die Scham darüber, arm zu sein.

Hier erscheint eine wesentliche Form des Unglücks in unserer Gesellschaft: das Unglück, nicht angemessen, nicht ‚richtig' zu sein, keinen Platz zu haben, nicht gebraucht und geschätzt zu werden, ein ‚Niemand', kein ‚Jemand' zu sein.

Nun erleben wir heute ein merkwürdiges Phänomen. Das, was uns am nächsten und eigensten sein könnte, das geschenkte und gegebene, der Körper, ist zum Statuszeichen geworden.

Der Körper ist in der zeitgenössischen westlichen städtischen Kultur in historisch nie gekannter Weise in den Mittelpunkt gerückt. Hier sind, so bemerkt der amerikanische Philosoph Richard Shusterman, Kirche und Museum verdrängt worden – durch die Fitnessstudios. *Sie* sind nun die „privilegierte[n] Orte einer auf Selbstverbesserung gerichteten Lehre, die in seiner Freizeit zu besuchen man als Pflicht sich selbst gegenüber empfindet, auch wenn dies mit Unannehmlichkeiten und Mühen verbunden ist".[67]

Eines der Hauptmerkmale des gegenwärtigen Lebensstils scheint die Beschäftigung mit dem Körper zu sein. Diese Beschäftigung mit dem Körper hat nicht nur eine ganze (Medien-, Schönheits- und Gesundheits-)Industrie hervorgebracht; sie tendiert auch dazu, Bedürfnisse zu befriedigen, denen traditionelle religiöse oder bildungsbürgerliche Institutionen, Kirche und Museum, immer weniger gerecht werden: Bedürfnisse nach Ganzheit, Schönheit, Heil. Der Körper als Markt ist entdeckt worden, er hat Konjunktur. Gerade weil er immer dünner werden muss, ist er eine Wachstumsbranche; denn der Körper insgesamt ist – wie bislang nur der Frauenkörper – zum Statuszeichen geworden. *Jugendlichkeit, Schönheit* und, den Gesundheitsbegriff überbietend und gleichsam verjüngend, *Fitness* sind die drei Zielmerkmale gelingender und gelungener Körperlichkeit. Das alles bedeutet, dass ein wesentlicher und neuer Schritt in der Deutung von Körperlichkeit vollzogen worden ist: Körperlichkeit ist nicht einfach „da", sondern sie ist gut oder schlecht, gelungen oder misslungen. Der Körper ist nicht mehr einfach Schicksal, bei der einen eben etwas besser, bei dem anderen etwas schlechter; er ist vielmehr das Ergebnis von Handlungen. Der herrschende Körperkult etabliert damit den Körper als Projekt.

Worauf zielt dieses Körperprojekt?

Es geht um Perfektion, genauer: um ein perfektes Körperdesign. Und wie jede Frage nach dem Design hat auch die Frage nach dem Körperdesign zwei Unterfragen: die Frage nach der *Ästhetik* und der *Funktion*. Diese beiden Grundfragen des herrschenden Körperkults haben eine deutliche geschlechtliche Komponente: Das ästhetische Designproblem bezieht sich – nicht nur, aber mit deutlichem Übergewicht – auf den Frauenkörper, das funktionelle Designproblem – ebenfalls nicht nur, aber überwiegend – auf den ‚neutralen' Körper, der in unserer Wahrnehmung ein Männerkörper ist.

Betrachtet man die *Frage nach der Funktion* innerhalb des laufenden Körper-Projekts, dann scheint der lebendige, menschliche, fehlbare und sterbliche Körper höchst unzulänglich, grundsätzlich verbesserungswürdig und auch verbesserungsfähig zu sein. Vor allem in den Bereichen der Fortbewegung, Arbeitswelt, Kommunikation übernehmen oder ergänzen – so die Analyse Paul Virilios – Prothesen körperliche Funktionen: Prothesen der Muskelkraft – Maschinen und Werkzeuge –, Prothesen der Sinnesorgane und letztlich Prothesen des Gehirns. Dabei wird die Unterscheidung zwischen Akteuren und Hilfsmitteln zunehmend undeutlich, so dass Technik beginnt, als ‚Organ' zu erscheinen. Zugleich wird jedes Nicht-Funktionieren, jede Fragilität des Körpers, Imperfektion, Gebrechlichkeit und Altern zunehmend inakzeptabel, bis hin zur Anfrage an den ‚Wert' eines ‚solchen' Lebens.

Die zweite *Frage nach der Ästhetik* als vorwiegende Frage nach dem Frauenkörper hat ebenso ihre eigene Geschichte: Je strikter sich im Lauf des 19. Jahrhunderts die private und die öffentliche Sphäre voneinander trennen, desto deutlicher entsteht eine neue Form von weiblicher Häuslichkeit und innerhalb dieser Häuslichkeitskultur allmählich ein weiblicher Schönheitskult. Der Schönheitskult erwächst aus der Vorstellung, dass es eine objektive und universelle Qualität namens Schönheit gibt, nach deren Besitz zu streben für Frauen gleichzeitig eine naturgegebene Neigung und eine öffentliche Aufgabe ist. Das Währungssystem Schönheit funktioniert, indem Frauen danach streben, sie zu besitzen, während andere Personen oder Institutionen danach streben, Frauen zu besitzen, die sie besitzen.

Je mehr die öffentlichen Körperbilder auf dem Dünnsein dieser Körper bestehen, desto deutlicher wird weibliches Fett, jahrhundertelang Zeichen der Erotik und weiblicher Sexualität, in den westlichen Industrienationen zu einem moralischen Thema. Weibliches Fett wird mit Schmutz assoziiert. Im Kampf um Reinheit, der bislang in der Seele und im Haus stattfand, werden die Schuldgefühle nun auf den Körper verlagert. Die Folgen – epidemische Essstörungen, der enorme Zuwachs der Schönheitschirurgie –, denen die individuelle Verzweiflung über den eigenen, eigenwilligen, un-passenden Körper zugrunde liegt, sind gravierend.

Das Körper-Projekt von Funktion und Ästhetik hat inzwischen seine geschlechtsspezifische Eindeutigkeit verloren. Auch Männerkörper sind vielfältigen Ästhetisierungen unterworfen, während in den Utopien der Biomedizin Ästhetik und Funktion eng verklammert sind. Der Körper-Kult aber, der den Körper als Götzen vorstellt, den man anbetet und dem man opfert, schlägt um in Körper-Verachtung oder sogar Körper-Hass, denn der Körper wird nie der normierten Ästhetik entsprechen, und er wird als fehlbarer und sterblicher nie die erhofften Standards des Funktionierens erreichen. So deklariert der Körperkult den Körper, wie er ist, letztlich zum Handicap: *Körper als Behinderung*.

Scham ist ein Schutz der körperlichen Intimität. Darüber hinaus aber ist der Körper heute immer wieder grundlegend mit einer anderen Art der Scham verbunden, weil er nicht ‚richtig' ist. Diese zweite Art der Scham, die *Scham, im Leibe zu sein* (Plotin), ist tief in die Geschichte des Christentums eingeschrieben. Es ist eine Einschreibung, die theoretisch-theologisch vollzogen wurde und durch die Jahrhunderte massiven Einfluss auf das Leben der Gläubigen hatte. Der Scham, im Leibe zu sein, liegt die Botschaft des Vorrangs der Seele vor dem Leib, des Geistes vor der Materie zugrunde, die das Christentum zutiefst geprägt hat, als es sich zur Zeit Plotins innerhalb der griechisch-römischen Welt konstituierte. Für den Kirchenvater Gregor von Nyssa wird der Leib im Symbol des Tierfells gedacht. In seiner Deutung der Sündenfallgeschichte, in der Adam und Eva nach dem Fall „Kleider aus Tierfellen" anziehen, steht dieses „Tierfell" für alles, was den menschlichen Leib als geborenen, wachsenden, hungrigen, durstigen, Nähe und Sexualität suchenden, hinfälligen und sterblichen Leib ausmacht. Nur durch Unterdrückung der leiblichen Bedürfnisse kann die Seele, die zur Bestrafung an den Körper gefesselt ist (Origenes), leben.

Ein solcher Dualismus lehrt nicht nur das Auseinanderklaffen von ‚Leib' und ‚Seele', Materiellem und Immateriellem, sondern eine Art Kriegszustand zwischen beiden, ein Belagerungszustand mit wechselseitigen Überraschungsangriffen: den asketischen Angriffen der Seele auf den Leib, den ekstatisch-lustvollen Angriffen des Leibes auf die Seele. Der Sieg ist ungewiss und wird erst mit dem Tod entschieden. Denn die Seele sitzt im Leib gefangen.

Dass Geringschätzung und Hass auf den konkreten Körper durch all die Formen seiner Anbetung hindurchscheint, erinnert an die Geschichte einer Schicht der christlichen Tradition, die dezidiert körperfeindlich ist. Hier begegnet uns die aus der Spätantike erwachsene Urangst vor der Triebstruktur des Menschen. Die Mittel und Möglichkeiten, einer solchen Ver-Körperung von Sünde zu begegnen, setzen am Körper an. Fasten, Selbstgeißelungen, Praktiken der Abtötung, die in der Geschichte des Christentums eine eigene Geschichte haben, sind gegen den eigenen Körper und dessen eigenwillige Begierden gerichtet. Man kämpft dabei aber nicht nur *gegen*, sondern auch *für* etwas: für das Leben der Seele. Ähnliche zeitgenössische Praktiken mit anderen Namen (nicht mehr Fasten, sondern Diät; nicht mehr Selbstqual, sondern Fitness) lassen auf ähnliche Strukturen schließen: Auch im modernen säkularen Körper-Kult gilt der natürliche, fehlerhafte, alternde und auch begehrliche Körper als ein Objekt der Verachtung, als Gegner im Kampf. Es ist kein Kampf mehr um das Leben der Seele, sondern um den neuen, quasi re-inkarnierten Körper, an den sich Hoffnungen knüpfen wie vormals an die Seele.

In dieser Situation erscheint es bitter nötig, an andere christliche Traditionen anzuknüpfen – Traditionen, die die aktuellen Trends der Körperverachtung nicht unterschwellig verstärken, sondern kritisieren und neue Formen des körperlichen Lebens aufzeigen. Dazu gehören Traditionen wie diejenige der biblischen Sprache des Ersten Testaments, für die das Abstrakte im Konkret-Körperlichen verwurzelt ist; narrative Traditionen wie diejenige der Heilungsgeschichten der Evangelien, in denen das Reich Gottes dort aufscheint, wo die kranken, gekränkten Körper der Menschen heil werden; symbolisch-theologische Traditionen wie der Begriff der Inkarnation: *Gott wird Mensch* – genauer: *Gott wird Fleisch*.

Wenn wir von diesem Wort den Schleier, den Weichzeichner entfernen, den jahrhundertelanges theologisches und liturgisches Sprechen auf ihm hinterlassen hat, wird mit einemmal deutlich, dass es ein anstößiges Wort ist. Zum einen wird es in eine Zeit hineingesagt, deren Zeitgeist den Geist betonte; zur Zeit Jesu hätte man das Heil sehr viel eher in der Überwindung alles Irdischen, Körperlichen erwartet, in Askese und in Abkehr von der gesamten Materie. Zum anderen ist der Wortgebrauch drastisch. Denn das Zentrum der Verkündigung ist nicht, dass Gott – wie spätere Theologen es formulieren – einen Leib an- und dann wieder auszieht. Das Wort wird Fleisch. Die frühe Kirche hat den Inkarnationsbegriff nicht dazu benutzt, um den menschlichen Körper in all seiner Kontingenz aufzuwerten oder gar zu feiern. Die Menschwerdung Gottes gab vielmehr Anstoß zur Arbeit an der Vergöttlichung des Menschen in der energischen Unterdrückung all seiner sinnlichen Bedürftigkeiten – Schlaf, Hunger, Durst, Nähe, Berührung, Sexualität. Vielleicht ist heute in einer spezifischen historischen und kulturellen Situation die Zeit gekommen, in der die Theologie und die große christliche Gemeinde den Inkarnationsbegriff neu für sich lesen, denken und leben kann.

Mit einem veränderten Blick auf den untergründigen theologischen Hintergrund des aktuellen Körperkults wäre es auch nicht mehr nötig, die Fitnessstudios zu neuen Tempeln der Selbstverbesserung hochzustilisieren; genauso wenig wäre es nötig, die Fragen nach Sünde, Reue, Buße und Auferstehung mit Hilfe von Diätrezepten und Schönheitsmythen zu reaktualisieren. Theologisch gesprochen geschähe dann Erlösung nicht nur nicht über unsere Köpfe, sondern auch nicht über unsere Körper hinweg, und die alte und neue Scham, im Leibe zu sein, könnte allmählich – bei und in aller Sterblichkeit – zu einer Lust werden, Leib zu sein. Dann könnte der Körper, auch der alternde, unzuverlässige und unretuschierte Körper, zur Quelle des Glücks und nicht nur zu dessen Hindernis werden.

Noch einmal: Glück im Selbst?

Meine Großmutter wurde 1898 in der Nähe von Krakau als viertes von sechs Kindern in einer polnischen Familie geboren. Zwei Jahre später, 1900, holte der Vater, Schrifthauer von Beruf, seine Familie an seinen Arbeitsort nach Schwarzwasser, ein deutsches Gebiet im Altvatergebirge mit einer aufstrebenden Steinindustrie. 1907 stirbt der Vater, die älteren Söhne beginnen nach der Schule in den Steinbrüchen zu arbeiten, und meine Großmutter, neunjährig, kommt zu einem kinderlosen Ehepaar, halb Pflegekind, halb Dienstmädchen. Sie spricht nun nur noch deutsch und wird am Ende ihres Lebens nur noch das „Gegrüßet seist Du Maria“ in Polnisch erinnern. 1918 wird ihr Dorf, bislang Teil von Österreich-Ungarn, Teil der Tschechoslowakei. 1925 heiratet sie, ihr Mann ist Zimmermann, und es gibt eine Nebenerwerbs-Landwirtschaft. Sie bekommt vier Kinder, ist nach der Geburt des dritten Kindes, vermutlich aufgrund einer Hirnblutung, lange krank. 1938 wird ihr Dorf deutsch, nach Kriegsende wieder tschechoslowakisch; 1946, 48-jährig, muss sie unter dramatischen Umständen ihre Heimat verlassen und verbringt den Rest ihres Lebens in der Nähe ihrer Kinder und Enkel in Süddeutschland.

Hätte man an meiner Großmutter das Wort ‚Selbstverwirklichung' ausprobiert, so hätte sie vermutlich (verständnislos, lächelnd oder unwillig) abgewehrt: Glück ist Gesundheit und ein Auskommen für die Familie; Glück ist, einen guten Mann zu haben und arbeiten zu können, Früchte zu ernten, Jahreszeiten zu verfolgen, am Sonntag zur Kirche und über die Felder zu gehen; Glück ist, ein Stück Land zu besitzen; Glück ist die alljährliche Wallfahrt, Glück ist, unerschütterlich im Glauben zu sein, und Glück ist, einen guten Tod zu sterben. Oder, mit den Worten Novalis': Glück ist Talent für das Schicksal.

Innerhalb weniger Generationen hat sich das Lebensgefühl und mit ihm die Glückssuche radikal verändert. Die unterschiedlichen Lebensformen damals und heute sind nicht einfach ‚besser' oder ‚schlechter'.

Meiner Großmutter war eine grundlegende Zufriedenheit eigen, innere Ressourcen, um auch schwere Zeiten und Lebenskrisen bewältigen zu können. Sie hatte ein „Talent für das Schicksal". Ihre Enkel und Urenkel haben eine größere Aufmerksamkeit nicht nur für die eigenen Wünsche und Bedürfnisse, sondern auch für die eigenen Stärken und Talente, die eingesetzt und zur Entfaltung gebracht werden können. Wir haben das Glück der Heimatverbundenheit verloren und das Glück der Welt als Heimat gewonnen.

Wenn wir uns diesen historischen Wandel vor Augen halten, können wir unsere eigene Situation relativieren. Es geht nicht darum, das ‚Glück im Selbst' zu verurteilen; es geht vielmehr darum, aus dem Glücksstreben durch Verwirklichung des Selbst die Verzweiflung herauszunehmen. Dann könnten wir, statt den ‚Kick' zu suchen und statt das Glück von jeweils neuen und besseren Produkten zu erwarten, Aufmerksamkeit entwickeln für die Lebensthemen und Lebensfragen der Selbstwerdung:

Freiheit und Geborgenheit, Selbständigkeit und Beziehung, Autonomie und Anerkennung nicht in einem Entweder-Oder zu leben, sondern in balancierter Ausgeglichenheit; die Selbstwerdung in der Pubertät der Kinder mit Einfühlung und in Kritik der öffentlichen Bilder des Mann- und Frauseins zu begleiten; den Körper nicht als – ständig scheiterndes – Heilsversprechen zu stilisieren, sondern ihn ganz und gar, mit Makeln und Gebrechen, als Ort menschlichen Glücks zu erleben.

Die Aufgabe, eine Identität zu entwickeln, bleibt eine lebenslange Aufgabe. Auch wenn vielen von uns heute das „Talent für das Schicksal" abhanden gekommen ist, wir lauter und öffentlicher klagen, so ist in dieser lebenslangen Aufgabe doch ein Glück: das durchaus anstrengende Glück, ein Leben lang Mensch zu werden.

3. Kapitel

Glück in der Liebe?

Vom Glück und der Menschenliebe

Glück in der Liebe klingt gut. Es ist unbestritten das, wonach die Sehnsucht am stärksten strebt und worin die Phantasie am farbigsten wird. Zugleich ist ‚Liebe' nicht gleich ‚Liebe'. Und es gibt eine Art Liebe, die uns nicht unbedingt als erstes in den Sinn kommt, wenn vom Glück in der Liebe die Rede ist: die Liebe zu den Menschen in einem umfassenderen Sinn – die Menschenliebe.

Menschenliebe klingt sehr global und abstrakt. Menschenliebe kann uns zu Mutter-Theresa-Taten inspirieren oder zum Guerillakämpfer machen, für ein spirituelles Leben einstellen oder (und?) zum politischen Kampf stimulieren.

Aber gibt es das Glück im Zusammenhang mit Menschenliebe?

Kann man die Menschen lieben und zugleich im Angesicht von Flutwellen und Erdbeben, Kriegen und Hungersnöten glücklich sein?

Unsere Gegenwartskultur hat ein Glücksprogramm formuliert. Die Alltagskultur ist geprägt von einer Werbe- und Medienkultur, deren normative Botschaft das glückliche Erlebnis ist, das dem Menschen Zugang zu seinem ‚inneren Kern' und dessen Ausdruck ermöglicht. *Weil ich es mir wert bin* scheint der repräsentative Slogan zu sein. „Ich" bin es „mir wert", weil das Ich zum höchsten Wert geworden ist und darin das Glück liegt. Die

Werbung setzt auf Individualität, gesteigert als Authentizität. Marken fungieren dabei als moralische Muster: Sie sind Zeichen für eine bestimmte Lebensauffassung, für bestimmte Werthaltungen, mit deren Hilfe Glücksvorstellungen visualisiert werden.

Wird diesem Glücksprogramm widersprochen, werden wir stutzig. Jede Diskussion über Glück, so die Lehrerin und Publizistin Hélène Orenga, sei „eine Absurdität, geradezu ein Hohn angesichts der Brutalität unserer Gegenwart und der Überlebensproblematik der Menschheit in den allernächsten Jahren“[68]. Für Jean Améry galt das gesellschaftspolitische Engagement „unter totalem Glücksverzicht“ als letzte und eigentliche Befreiung.[69]

Dieser Glücksverzicht hat radikal christliche Wurzeln und soll im Zusammenhang mit christlicher Nächstenliebe zur Sprache kommen. Zugleich ist er mit mehrfachem Unbehagen verbunden. Es ist das Unbehagen, das wir empfinden, wenn die globalisierte Welt in die Wohnzimmer einbricht und sich der Schrecken anderer Menschenleben bei uns breitmacht; es ist das Unbehagen, wenn wir uns damit trösten, dass das nicht getrunkene Glas Champagner auch niemandem das Leben rettet; und es ist das Unbehagen, das wir spüren, wenn wir Menschen begegnen, die ihren radikalen Glücksverzicht wie einen Orden vor sich hertragen und mit Verachtung oder, schlimmer noch, mit Mitleid auf unsere kleinen Leben herabschauen. Die ausschließliche Konzentration auf das Unglück der anderen unter radikalem Verzicht auf das eigene Glück birgt eine große Gefahr; die Gefahr, diese ‚Anderen‘ zu Objekten zu machen, zu Objekten meiner eigenen Tugendhaftigkeit.

Zugleich lässt sich das Dilemma nicht wirklich auflösen, und gravierende moralische Konflikte begleiten die Menschen, die auf der reichen Seite der Erde gut leben. Dennoch wird deutlich, dass die Selbstopferung mit zusammengebissenen Zähnen kein sinnvoller Lebensentwurf sein kann. Es gibt das Glück der Menschenliebe, und es gibt dies auf zwei Ebenen:

Zum einen sprechen heute Glücksforscher wieder davon, dass die Freude, die wir geben, in irgendeiner Weise ins eigene Herz zurückkehrt; Jugendliche, die anderen halfen, hatten ein länger andauerndes und stabileres Glücksempfinden als Jugendliche, die den Tag nach ihren eigenen Wünschen gestaltet hatten.[70] Zum anderen gibt es besondere Formen des Glücks in der Menschenliebe: das Glück, sich an der Vielfalt des Menschlichen erfreuen zu können; das Glück, ein reiches Leben zu gewinnen, weil man sich in andere einfühlen kann; das Glück, den Überschuss des eigenen Glücks zu teilen; das Glück, Lebensfreude und Menschenliebe verbinden zu können und sich die Beseitigung des Unglücks zur Aufgabe zu machen.

Diese Beseitigung des Unglücks ist aber in der Regel keine Aufgabe, die erledigt und deren Erledigung dann gefeiert werden kann. So zeigt sich das Glück, das mit Menschenliebe verbunden ist, als utopisches Glück, dessen *Ort* noch nicht da ist, sondern erst hergestellt werden muss. Dass mit der versuchten Herstellung dieses Ortes auch schon ein Glück als vorweggenommenes einhergehen kann, wird immer wieder deutlich. Dennoch stellen sich immer wieder die Fragen nach grundlegenden Bedürfniskonflikten: Gibt es Situationen, in denen das eigene Glück zurückgestellt oder geopfert werden muss, weil jemand am Glück der Menschheit arbeitet?

Die entscheidende Frage mag hier die Frage nach der Motivation sein: Menschenliebe aufgrund verbissener Tugend kann für alle Beteiligten – auch für diejenigen, für die dieses Opfer gedacht ist – schwer erträglich sein. Menschenliebe aus Freude am Leben eröffnet einen Raum, in dem das Glück aller Platz haben kann.

Wenn es einen Experten in Sachen Liebe gäbe, dann hieße er wohl Johann Wolfgang von Goethe. Das bedeutet nicht, dass er gleichzeitig ein Experte in Sachen *Frauenliebe* gewesen wäre. Es bedeutet vielmehr, dass er es war, der weit mehr als andere die Sprache unserer Emotionen entworfen und geprägt hat.

1777 kommt Goethe nach Sesenheim, wo er zwei entscheidende Begegnungen hat: Er trifft dort Friederike Brion und verliebt sich in sie; und er trifft Herder, der bei einem Straßburger Augenarzt zur Behandlung ist. Herders neue Kunsttheorie forderte gerade das, wonach Goethe suchte: Natürlichkeit, Einfachheit, Gefühl, Symbol. Die junge Generation war auf der Suche nach einer neuen Sprache, die in der Lage war, ihr Lebensgefühl adäquat wiederzugeben, und Goethes Sesenheimer Lieder wurden zu einer Art Prototyp dieser neuen Dichtung.

„Doch ach, schon mit der Morgensonne
Verengt der Abschied mir das Herz:
In deinen Küssen welche Wonne!
In deinen Augen welcher Schmerz!
Ich ging, du standst und sahst zur Erden
Und sahst mir nach mit nassem Blick:
Und doch, welch Glück, geliebt zu werden!
Und lieben, Götter, welch ein Glück!“[71]

Besonders dauerhaft ist die Liebe in Goethes berühmtem „Willkommen und Abschied“ nicht; es ist, zweihundert Jahre vor der Diskussion um „one night stands“ und die Brüchigkeit von Beziehungen, ein Liebes*erlebnis*, dem schon die Morgensonne ein Ende macht. Die Wirkung dieses Erlebnisses wird in Gegensätzen beschrieben: Der Anfang des neuen Tages bringt ein Ende, Wonne und Schmerz schließen sich nicht aus, das Weggehen und das Dableiben lassen die Liebeseinheit auseinander brechen. Das bessere und das schlechtere Ende dieses Endes sind eindeutig auf die Geschlechter verteilt. Der Schmerz, den durchaus beide empfinden mögen, endet im Gedicht in einem euphorischen Hymnus, der sich dem Schmerz entgegenstellt, ihn aufnimmt und überhöht. Es ist ein Hymnus auf das Verb, nicht auf das Substantiv – auf die *Tätigkeit des Liebens* und nicht die *Tatsache der Liebe.* Glück ist im Lieben, nicht unbedingt in der Liebe.

Was wir hier sehen, ist ein künstlerischer Wirklichkeitszugang, bei dem das Tätigsein als Prozess höher gewertet werden kann als das Endprodukt, das, nicht nur bei Goethe, immer wieder aus gebrochenen Herzen besteht.

Die Glücksphilosophen und -psychologen halten heute eine gute dauerhafte Beziehung für einen der Hauptfaktoren des Lebensglücks. Nicht immer allerdings war das Glück in der Liebe entscheidend für Menschen.

Die historische Verortung des Glücks in der Liebe ist schwierig. Die Literatur zeigt uns einen privilegierten Ausschnitt, indem sie Einblick gewährt in das Leben derer, die eine Sprache und eine Stimme haben, um dieses Leben mitzuteilen. Diese Zeugnisse aber sind Einzelstimmen über einem großen Schweigen. Der *Große Diskurs,* den Foucault für die Sexualität beschrieben hat, überdeckt das ebenso große oder noch größere Schweigen, das das Leben der einzelnen Menschen – und vor allem der einzelnen Frau – umhüllt.

Sowohl Philippe Ariès als auch Georges Duby haben betonen, dass es auch und gerade die Aufgabe des Historikers sei, dieses Schweigen zu interpretieren.[72] Und sie tun es folgendermaßen:

Für Duby ist das 12. Jahrhundert – geographisch situiert in Nordfrankreich – die Zeit einer entscheidenden Wende „hinsichtlich der Vorstellung, die sich Menschen von dem Gefühl gemacht haben, das wir als Liebe bezeichnen."[73] Die Renaissancebewegung lässt Ciceros Konzept der *amicitia*, der Freundschaft, die auf Tugend, nicht auf wechselseitigen Vorteilen beruht, wieder lebendig werden; es wird einflussreich für neue Überlegungen nicht nur zur Gottesliebe, sondern auch zur Gattenliebe. Damit einher geht eine zunehmende Verinnerlichung des Christentums, die größere Aufmerksamkeit dem Neuen Testament gegenüber und fortgesetzte Studien der lateinischen Klassiker. „Die Liebe" ist wohl definiert: in theologischen und philosophischen Zeugnissen. Die Gattenliebe des „wirklich Erlebten" aber ist dem Schweigen unterworfen. Was in den Familiengeschichten der Königshäuser, in der dynastischen und genealogischen Literatur sichtbar wird, ist eine auf die herrschenden Schichten bezogene Ideologie. Diese Ideologie, die den Schleier über wahre Verhaltensweisen deckt, stimmt in wesentlichen Punkten mit der Lehre der Kirche überein: Der erste Punkt ist die naturgemäß erscheinende Ungleichheit in der Ehe, die die notwendige Unterwerfung der Frau vorsieht und durch die Angst vor dem Weiblichen geprägt ist. Der zweite ist die – neue – seelische Verpflichtung innerhalb dieser Beziehung der Ungleichheit, die auf Zuwendung und Ehrerbietung beruht, nicht unähnlich dem, „was im Latein der Scholastiker als *caritas* bezeichnet wird."[74] Hier trifft innerhalb der Ehe die klare Unterordnung der Ehefrau mit einer neuen Gefühlsbindung zusammen. Was uns heute als widersprüchlich erscheinen mag, macht gerade die gesellschaftliche Stabilität dieser beiden wesentlichen Punkte aus.

So spärlich und indirekt die Hinweise auf eine konkrete Ehepraxis sind, so wird doch deutlich, dass der Entfaltung der *caritas* im Konkreten ernsthafte Hindernisse entgegenstehen. Die (arrangierte) Ehe, so Duby, ist Männersache, unter Männern vereinbart. Zwar setzt die Kirche die Bedingung gegenseitiger

Einwilligung durch: „diejenige, die man gibt, die ein Mann einem anderen Mann in die Ehe gibt, hat ein Wort mitzureden." Die entscheidende Frage dabei bleibt offen: „Aber sagt sie es auch?" Anspielungen auf widerspenstige Mädchen gibt es; der Widerstand aber wird nur gebilligt, wenn dessen Ziel die Liebe zu Gott und die angestrebte Keuschheit ist. Insgesamt wurden die *sponsalia*, die Eheverhandlungen als Pakt zweier Familien, sehr früh abgehalten – „und wenn das kleine Mädchen noch zu jung zum Sprechen war, genügte ein einfaches Lächeln von seiner Seite als Zeichen für seine Einwilligung."[75]

Innerhalb dieses Kontextes, im „großen Schweigen der Dokumente",[76] ist eine Spurensuche nach der Frage, wie eheliche Liebe und Glück zusammenhängen, nur über Umwege zu erreichen.

Erhalten sind uns Briefe zur geistlichen Anleitung, die mit dem Aufkommen der Seelsorge vom Seelsorger an Ehefrauen gerichtet waren. Es sind häufig Briefe, die nicht als Privatbriefe gelten, sondern zum Weiterreichen und Weiterverarbeiten in Predigten und Ermahnungen gedacht waren. Einer dieser Briefe stammt vom Ende des 12. Jahrhunderts aus der Abtei von Perseigne. Ein Abbé Adam tröstet und ermahnt die Gräfin von Perche, die nach den Pflichten ihrem Ehemann gegenüber fragt und nach dem genauen Betrag dieses *debitum*. Abbé Adam

„bemüht sich darum, dieses beunruhigte Gewissen aufzuklären. Es gibt, sagt er, bei der menschlichen Person die Seele und den Körper. Gott ist der Eigentümer von beiden. Aber nach dem Ehegesetz, das er selbst erlassen hat, überlässt er dem Ehemann (genauso wie ein feudales Lehen überlassen wurde, das heißt so, wie das Nutzungsrecht übergeben wurde, indem man sich über das Gut eine höhere Verfügungsgewalt bewahrte) das Recht, das er über den Körper der Frau hat (für diesen Körper bekommt der Mann das Nutzungsrecht, er wird zu seinem Lehnsherren, der das Recht hat, sich seiner zu bedienen, ihn auszubeuten und ihn

Frucht tragen zu lassen). Aber, fährt Adam von Perseigne fort, Gott behält die Seele für sich allein: ‚Gott erlaubt nicht, dass die Seele in den Besitz eines anderen übergeht.'"[77]

Für die Ehefrau rückt damit ihr Sexualleben an den Rand eines doppelten Unrechts: Es wäre unrecht, dem Ehemann ihren Körper zu verweigern; genauso unrecht aber wäre es, zusammen mit dem Körper auch die Seele hinzugeben. Gespiegelt wird diese Haltung beispielsweise in der Lebensbeschreibung der Ida von Herfeld, von der berichtet wird, dass sie

„‚darauf achtete [während sie sich mit ihrem Ehemann vereinigte], ihre Pflicht gegenüber Gott zu erfüllen, indem sie ihre körperliche Liebe im rechten Maße zügelte, damit ihr Geist … bei einem derartig frivolen Geschäft nicht im geringsten befleckt würde'"[78].

Im Stand der Ehe ist die Ehefrau also geteilt; dem irdischen Ehemann in Bezug auf das Fleischliche zu Gehorsam verpflichtet, Gott als dem himmlischen Ehegatten alle seelischen Regungen, alle Inbrunst anvertrauend. Der eine ist Herr über den Körper, der andere Herr über die Seele. Aus dieser Teilung – nicht der Liebe, sondern der Person selbst – entsteht eine wahrhafte Dreiecksgeschichte eigener Art, die nicht selten im Unglück geendet haben mag. Für Männer bestand die Notwendigkeit der Zweiteilung nicht – oder nicht in derselben Weise und auf derselben Ebene. Auch die Seele des Mannes – vor allem des zölibatär lebenden Mannes – gehört Gott. Eine seelische Verbindung mit einer himmlischen Gefährtin aber, „mit der er … beim Geschlechtsakt geistig verbunden wäre"[79], gab es nicht innerhalb des christlichen Gedankenmusters. Die Zweiteilung des Mannes äußert sich nicht in spiritueller Sublimation, sondern eher in der Ungebundenheit des Spiels. Hier war die Frau – in legitimer Weise für männliche Junggesellen, in illegitimer, aber keineswegs ungebräuchlicher Weise für verheiratete Männer – Preis eines Wettbewerbs und Adressatin des männlichen körperlichen Ungestüms, für das die Ehe nicht der richtige Ort war. Andere, konkretere Dreiecksbeziehungen entstanden aus dieser Zweiteilung des Mannes, so dass aus der sexuellen Gemeinschaft der Ehe unter Umständen ein prekäres Viereck werden konnte.

Der Kapuzinerpater Martin von Cochem, 1712 gestorben, empfiehlt den Bräuten folgendes Gebet vor ihrem Hochzeitstag:

„Ich weiß, dass ich in einen sehr schweren Stand trete, darin ich viel leiden und große Gefahren werde ausstehen müssen … Du mein Gott weißt, dass ich nicht aus Geilheit, sondern vielmehr aus Notwendigkeit in diesen Stand trete, damit ich nämlich der Schwachheit meiner Natur zu Hilfe komme und auch die zeitliche Nahrung in diesem Stand erwerbe … O Christe Jesu! der du dem Ehestand zu Ehren auf die Hochzeit zu Cana gegangen und allda Wasser in Wein verwandelt hast, würdige dich, auf unsere Hochzeit zu kommen und das Wasser der Trübseligkeit unseres Ehestandes in den Wein der Fröhlichkeit zu verwandeln.“[80]

‚Glück‘ scheint historisch für die Ehe ein Ausnahmewort, vielleicht ein Fremdwort zu sein.

Dieses Bild hat sich heute gewandelt. Das Schweigen der Frauen ist aufgebrochen, ohne dass die entscheidenden Strukturen des Gehört-Werdens breit etabliert wären. Was uns aus dieser im 12. Jahrhundert neuen Tradition geblieben ist, ist die Hochschätzung der Liebe, die in unterschiedlichen Zusammenhängen fast zum Synonym wird für Glück, Beziehung, Ehe und Sexualität. Die Verfestigung dieses Liebesideals aber gehört in eine andere Zeit – in die Romantik.

Die Idee der freien, gleichen und individuellen Geschlechterliebe ist auf einer breiten Basis historisch gesehen sehr jung. Als „Liebesamalgam der Romantik“ beinhaltet sie „Freundschaft, Sinnlichkeit, Dauerhaftigkeit, Gemeinsamkeit, Leidenschaftlichkeit, Zärtlichkeit, Selbstverwirklichung, Fortpflanzung und je nach persönlichem Gusto noch einiges mehr, zusammengemischt zu schierer Glückseligkeit“[81].

Die „schiere Glückseligkeit“ in der Liebe zum einen, einzigen, ‚richtigen‘ Menschen ist heute – im Zeitalter des real existierenden Schlagertexts (Ulrich Beck) – Inhalt von Vorabendserien und Tagträumen. Von ihrem romantischen Beginn an aber erweist sich diese schiere Glückseligkeit als zumindest problematisches, wenn nicht leeres Versprechen, denn das romantische Liebesideal erschafft auch zugleich seine eigene Schwierigkeit: Zum einen tendiert die so verstandene Liebe dazu, keine andere moralische Instanz als sich selbst anzuerkennen, und zum anderen ist sie nicht für den Alltag geschaffen.

Die dadurch entstehende Sonderwelt und ihre Probleme sind schon in der Romantik selbst beschrieben worden: Ludwig Tiecks Novelle „Des Lebens Überfluss“ (1839)[82] schildert ein junges Ehepaar, das sich, weil die Welt die Verbindung nicht gutheißt, gänzlich von dieser Welt in das Obergeschoß eines Hauses zurückgezogen hat. Von einer alten Magd mit dem Nötigsten versorgt, leben die beiden in großer Armut und größerem Glück – „um so mehr muss uns die Liebe alles ersetzen“[83]. Die *unerhörte Begebenheit* der Novelle ist hier leise und zurückgenommen: Als der harte Winter kein Ende nimmt und alles Verkäufliche schon verkauft ist, um Brennmaterial zu beschaffen, verbrennt Heinrich, der Ehemann, Stufe für Stufe die Treppe zum Erdgeschoss, zur Außenwelt, zur Welt: „… ich bin dir, du bist mir genug“:

„Darum getrost, meine Liebe, und lass uns recht heiter des Glückes genießen, dass wir hier von aller Welt so völlig abgetrennt sind, von keinem Menschen abhängig und keines Menschen bedürftig. So ganz eine Lage, wie der weise Mann sie sich immer gewünscht hat, und wie nur wenige und Seltene glücklich genug sind, sich aneignen zu können.“[84]

Dass die beiden schließlich gerettet werden von einem Tod,

der hier nur als Hungertod ausgemalt werden kann, gibt der Novelle den Charakter eines Märchens.

Wenn der Soziologe Ulrich Beck im Blick auf die aktuelle Krise von Ehe und Familie bemerkt, man könne genauso gut eine Leiter an den Himmel legen und im Wolkenkuckucksheim einziehen wie sein Glück in Ehe und Familie suchen[85], mag das zynisch klingen. Er bezieht sich in diesem Urteil aber auf dieses zum Scheitern verurteilte Modell der Liebes-Sonderwelt, die, um ihre Hitze zu erhalten, auf die Treppe als Brennmaterial angewiesen ist.

Heute sehen wir ein merkwürdiges Doppelbild.

Während die schiere Glückseligkeit immer neu in den Medien zelebriert wird, zeigt sich der reale Zustand der Ehe als ambivalent: „Auf die vieldiskutierte Frage, ob Ehe und Familie einer ausklingenden Epoche angehören, lässt sich mit einem klaren JEIN antworten."[86]

Dabei hat sich hier in aller Öffentlichkeit die traditionelle Liaison von Ehe und Sexualleben aufgelöst. Ehe ist nicht mehr der ausschließliche, nicht einmal mehr der ‚richtige' Ort für Sexualität, während gleichzeitig zumindest der Beginn dieser Ehe in hohem Maß re-romantisiert wird. Die Hochzeit als ‚schönster Tag im Leben' – zumindest für die Braut – ist Welten entfernt von der Wahrnehmung eines Martin von Cochem. Heute nimmt die Hochzeit wieder einen breiten emotionalen (und finanziellen) Raum ein; hier wird das Glück in seiner reinsten Form zelebriert – in der Hoffnung, dass die Hochglanzbilder alltagstauglich sind. Ein Grund für diese klare neue Romantisierung der Hochzeit mag ein tiefes Bedürfnis sein, das nirgendwo mehr hinreichend befriedigt wird. Denn die romantische Liebe ist „ein Schlüssel aus dem Käfig der Normalität. Sie öffne[t] die Normalität auf einen anderen Zustand hin. Die Bedeutungspanzer der Welt werden aufgebrochen"[87].

Dass die heutige Ehe aber – jenseits noch der schönsten Hochzeit – in der Krise sei, führt häufig zu einer anderen Aussage: zu derjenigen, dass die Ehen früher besser waren. Sicher ist nur eins: Früher waren die Ehen anders. Denn die Ehe in unserem heutigen Verständnis ist erst im großen Zusammenhang der Industrialisierung entstanden; und die vorindustrielle Zeit hat sich in einigen ländlichen Gebieten lange gehalten – bis weit ins 20. Jahrhundert hinein. In dieser vorindustriellen Zeit – pauschal gesagt vor Ende des 18. Jahrhunderts – kann von einer freien Partnerwahl nicht die Rede sein – zu eingeschränkt waren die Heiratsmöglichkeiten durch Stand, Konfession, Herkunft usw. Die Ehe war eine Zweckgemeinschaft, die zwei Familien oder Sippen verband, eine Wirtschafts- und Standeseinheit. Nicht persönliches Glück war die angestrebte Erfüllung zweier Eheleute, sondern das Erfüllen einer gemeinsamen Aufgabe, eines gemeinsamen Zwecks. Die Ehe war – zumindest in der ganzen Breite der bürgerlichen und bäuerlichen Schichten – Lebens- und Arbeitsgemeinschaft, keine (oder zumindest nicht in erster Linie) Liebes-Gemeinschaft.

Mit der aufkommenden Industrialisierung werden allmählich öffentliche und private Sphären unterschieden; Arbeitsleben und Familienleben beziehungsweise Freizeitleben trennen sich voneinander. Die Ehe wird aus den Zwängen der Familienwirtschaft entlassen und auch aus deren stabilisierenden Bindungen. Die dominierende gemeinsame ‚Sache' der Eheleute – Hof, Handwerksbetrieb, auch Kinder – wird weniger wichtig oder verschwindet ganz. Die Ehe wird nicht mehr auf einen konkreten Zweck gegründet, sondern auf ‚Liebe'. Die ökonomische Wende ist es damit, die einen – von der Literatur und Philosophie vorbereiteten – Funktionswandel der Ehe anstößt. Was nach diesem Funktionswandel mit der Ehe geschieht, ist eine Art Treibhauseffekt; denn das Klima der Ehe ändert sich: Es erwärmt sich, wird zunehmend gefühlsbetont. Die emotionalen Bande sind es nun, die den Zusammenhalt garantieren. Mit dieser Emotionalisierung des Ehe- und Familienlebens entstehen deren notwendige Charakteristika: die romantische Partnerwahl, die Häuslichkeit, die Gatten- und Kindesliebe. Das Unsoziale, Unkontrollierbare und Grenzensprengende der leidenschaftlichen Liebe wird neutralisiert zugunsten einer Form kalkulierbarer Heterosexualität. Dies geschieht, indem drei durchaus konkurrierende und vielleicht auch unvereinbare Codes vereint werden: partnerschaftliche Liebe, leidenschaftliche Sexualität und gesellschaftlich verpflichtete Ordnung.

Und das ist krisenträchtig. Zum einen wird hier eigentlich Unvereinbares vereint; zum anderen sind die emotionalen Bande, die diesen Zusammenhalt der Ehe garantieren sollen, nicht recht fassbar, subjektiver Deutung und höchst intensiven lebensgeschichtlichen Wandlungen unterworfen. Eine Ehe, die auf ‚Liebe' gegründet ist, entwickelt sich zumindest tendenziell von der unauflöslichen Zweckgemeinschaft zu einer nur unter bestimmten Voraussetzungen gültigen Verbindung: dem Vorhandensein der entsprechenden Gefühle.

Gleichzeitig findet diese relativ neue Definition von Ehe nicht im luftleeren Raum statt, sondern in einem gesellschaftlichen und historischen Kontext, der diese neue Definition hervorgebracht hat, während sie gleichzeitig auf ihn einwirkt. Zwei Merkmale dieses historischen Kontexts sind hier von besonderer Bedeutung: das Kennzeichen der Mobilität und das Kennzeichen der *Ausweitung des Möglichkeitsraums.*[88]

Wir erleben heute das enorme Anwachsen der Mobilität in den unterschiedlichsten Lebensbereichen: Da geht es um *geographische* Mobilität, die gleichermaßen durch Tourismus und Flüchtlingsströme gekennzeichnet ist, aber auch um *soziale* Mobilität, bei der die angestammte soziale Schicht eben nicht mehr eindeutig lebensbestimmend ist – wobei es inzwischen auch zunehmend eine soziale Mobilität nach unten gibt. Es gibt eine nie dagewesene *politische* Mobilität, bei der ein größer werdendes, frei flottierendes Wählerpotential immer neu umworben wird, und es gibt zuletzt auch eine *emotionale* Mobilität: Jede dritte der nach 1970 geschlossenen Ehen wird geschieden, und der häufigere Wechsel der Lebensformen innerhalb einer Biographie wird zunehmend üblich und akzeptiert.

Das zweite Kennzeichen unserer historischen Situation der Postmoderne, die Ausweitung des Möglichkeitsraums, ist die unmittelbare Konsequenz aus der erhöhten und allgemeinen Mobilität: Die Menschen befinden sich in der Rolle der Wählenden, Auswählenden. Vieles, was bislang als schicksalhaft vorgegeben galt, erscheint nun als veränderbar und gestaltbar: die eigene Biographie, die persönlichen Beziehungen, die soziale Rolle, aber auch die eigene Psyche, der eigene Körper und nicht zuletzt die Religion. Die Möglichkeit der Wahl aber impliziert den *Zwang* zur Gestaltung und mit ihm Unsicherheiten und einen „kaum zu stillenden Bedarf an Orientierungen“[89]: Wir basteln und suchen noch immer nach der verlorenen Anleitung.

Für die Ehe ist hier eine Ausdünnung von Traditionen zu beobachten, immer weniger Einbindung in Großfamilien, der Rückzug von Staat, Recht und auch Kirche aus dem Eheleben. Die öffentliche Arbeitsgemeinschaft Ehe wird zur privaten Freizeitgemeinschaft, zum Ort von alldem, was ‚draußen‘, im Rest des Lebens, bitter vermisst wird: zum Ort von Nicht-Markt, Nicht-Stress, Wärme, Sinn – und mit diesem Anspruch ist sie in der Regel überfordert. Dazu kommt, dass sie die Aufgabe hat, die wachsende Mobilität zweier Menschen zu vereinen, zwei aus einem Riesenangebot – an Nudeln und Zahnpasta, Ideologien, Lebensstilen, Glaubensrichtungen – Auswählende lebenslang auf dieselben Artikel zu polen.

Im Laufe des 20. Jahrhunderts rückt langsam, aber sicher der Begriff der Sexualität in den Bereich der Liebe und versucht, ihn zu okkupieren, so dass ein bürgerlich-romantisches Liebesideal der Sexualität entsteht.

Das 20. Jahrhundert ist zunächst von einem Nebeneinander des sich in aller Breite etablierenden Liebesideals der Sexualität und der sich in aller Vorsicht etablierenden Sexualwissenschaften geprägt. Nach dem Aufbruch der Ersten Frauenbewegung zu Beginn des 20. Jahrhunderts, der sexuellen Liberalisierung der Weimarer Zeit und der Funktionalisierung der Sexualität während des Nationalsozialismus zeigen die 1950er und beginnenden 1960er Jahre eine starke Konzentration auf Ehe und Familie. Wo das romantische Liebesideal der Sexualität schließlich mit den auf rationale und funktionale Forschung konzentrierten Sexualwissenschaften kollidiert, entsteht der Raum für das, was wir im Rückblick die ‚sexuelle Revolution' nennen. Der *Spiegel* konstatiert im Jahr 1966 eine „Sexplosion": ein Ereignis, das „den westlichen Industriemenschen in einen Zustand der Naturvölker zurückkatapultiert, was die Lust am Fleisch betrifft"[90].

Was hier geschieht, ist aber zunächst eine „Sexplosion" innerhalb der eigenen vier Wände, innerhalb des Rahmens von Partnerschaft, Treue und Liebe. Die Brüchigkeit der Ehe- und Familienstrukturen zeigt sich erst im zweiten Schritt dieser sexuellen ‚Revolution'. Ähnlich wie die Familie nur der Ort und nicht die Ursache der großen Konflikte ist, wird auch hier die Sexualität zum bevorzugten und weithin sichtbaren Ort der Konflikte, nicht zu deren Ursache. Die von den Studenten getragene ‚sexuelle Revolution' mit ihrer Verbindung von sexueller und politischer Befreiung scheitert schnell. Zwei Faktoren beschleunigen das vermutlich natürliche Ende dieser Bewegung:

Der Beginn der Frauenbewegung, die etwa seit 1970 die patriarchalen Züge der sexuellen Liberalisierung aufzudecken versucht, und die schnelle und dankbare Reaktion der Werbe- und Warenwelt: „Die Wissenschaft hatte die Sexualität aus den Fesseln der Moral befreit, und die Wirtschaft nahm dies dankbar zur Kenntnis."[91]

Die Kollision des romantischen Liebesideals der Sexualität mit dem technischen Behaviorismus der Sexualwissenschaften hat nicht zur Folge, dass das romantische Liebesideal oder die zunächst an sexueller Technik orientierten Sexualwissenschaften untergehen. Die Kollision bewirkt vielmehr, dass der relativ einheitliche Begriff von Sexualität zerbricht und sich breit auffächert in unterschiedliche *Sexualitäten*, die auch im selben Lebensentwurf nacheinander oder nebeneinander gelebt werden können. Sowohl das romantische Liebesideal der Sexualität als auch der Sexualitätsbegriff der behavioristischen Sexualwissenschaften werden aufgenommen in die Reihe der Sexualitäten. Vor allem das romantische Liebesideal der Sexualität verändert sich dabei, da es nun einen Absolutheitsanspruch innerhalb eines relativen Kontextes vertritt.

Sexualität erscheint dabei immer wieder als anvisierte und dennoch in hohem Maße problematische ‚Spitze' des Glücks in der Liebe. Mit dem Glück in und durch Sexualität wird nicht selten ein anderes Glück angestrebt – das Glück von Macht oder das Glück von Unterwerfung, das Glück des Triumphs oder das Glück, nach und in aller Selbstverwirklichung endlich die Ichgrenzen auflösen, das Ich auflösen zu können.

Die ‚Befreiung' der Sexualität aus religiösen und spätbürgerlichen Normen, die sich allzu oft als Normen einer Doppelmoral darstellten, sollte Sexualität zu ihrem ‚Recht' verhelfen und das Glück durch Sexualität garantieren oder zumindest ermöglichen.

Dieser Aufbruch hatte eine historische und auch moralische Folgerichtigkeit: Die Verbannung sexueller Handlungen in den Bereich der Sünde hat das Leben vieler Menschen ebenso beschädigt wie die theologische Rede von Sünde und Schuld. Die Vermeidung oder Verteufelung von Lust in der Sexualisierung des Sündenbegriffs war eine eigene theologische Sünde.

Wenn aber der Werbespruch der Filterzigarettenindustrie – *Genuss ohne Reue* – zum Leitmotiv von Sexualität wird, dann geht ein wesentlicher Teil menschlicher Kultur verloren. Sexualität ist menschliches Handeln, und menschliches Handeln muss sich grundsätzlich moralischen Fragen stellen. Eine völlige Loslösung sexuellen Handelns von moralischen Fragen entwertet und beschädigt Sexualität und die Menschen, die als ganze Menschen, auch in ihrem sexuellen Handeln, glücklich sein wollen.

Eine neue Form reflektierter Sexualmoral wird weniger mit der Frage beschäftigt sein, wer was wo und mit wem darf. Sie wird nicht länger ein komplettes und komplexes Regelsystem entwerfen, bei dessen Einhaltung das Leben eines Menschen wenn nicht glücklich, so doch ‚richtig' wird. Die Aufspaltung der Sexualität in einzelne und einzeln zu bewertende Handlungsteile wird dem Phänomen Sexualität nicht gerecht. Sexualität ist – anthropologisch – ein Grundelement des Menschseins, nicht etwas, das man ‚hat' oder ‚nicht hat'. Sexualität ist – theologisch – Teil der guten Schöpfung, nicht eine sündige Notwendigkeit. Eine moralische Reflexion der Sexualität hat damit nicht länger die Angst als ihren Ausgangspunkt. Für die Sexualität gelten die Normen, die das Miteinander von Menschen insgesamt regeln: das *Verbot von Gewalt* – auch als Verbot gegen sich selbst gerichteter Gewalt und Ausbeutung – und das *Gebot der Achtung des Personseins und der Würde* des anderen Menschen – auch als Gebot der Achtung des eigenen Personseins. Diese beiden Grundnormen bilden eine Grenze, umzäunen einen Bereich, der gestaltet werden kann. Die Möglichkeit dieser Gestaltung eröffnet das Glück der Sexualität.

Heute nun ist die erste Generation der Menschen erwachsen, deren Eltern als Akteure oder Zuschauer eine ‚sexuelle Befreiung' erlebt haben. Vielleicht ist es folgerichtig, dass die ‚sexuelle Befreiung' nicht nur zur Befreiung *der* Sexualität, sondern auch zur Befreiung *von* Sexualität führen kann. Die Bedeutung der Sexualität scheint für Jugendliche eher zurückgegangen zu sein. Häufig kontrastiert private Treue – oder auch private Enthaltsamkeit – mit schriller öffentlicher Selbstdarstellung. Zur gleichen Zeit haben die Sexualwissenschaften die ‚Asexualität' entdeckt, eine zunehmende oder nur zunehmend öffentlich werdende Anzahl von Menschen mit geringem oder keinem Interesse an Sexualität. Ob sich damit das Zeitalter der sexuellen Befreiung wieder dem Ende zuneigt, ist ungewiss. Deutlich ist nur, dass der Begriff sich weiter aufspaltet und dass die „Neosexualitäten" (Sigusch) das alte Raster, in dem es Heterosexualität, Homosexualität und dann noch Perversionen gab, sprengen.

Dass dabei nach wie vor das Glück in der Liebe nicht unabhängig, aber auch nicht ausschließlich abhängig vom Glück der Sexualität ist, macht die komplizierte und beständig neu auszutarierende Beziehung beider Glücksformen aus.

„Glück – damit geht es auf wundersame Weise auf und ab: man findet es viel leichter, als man es behalten kann; da schwindet es, wo man nicht sorgsam darauf achtet. Wem es das Herz beschweren will, dem schenkt es sich zur falschen Zeit, auch nimmt's ihm vorzeitig hinweg, was es gegeben hat.
Den führt es hinters Licht, dem es zuviel geliehen hat.
Freude wandelt sich in Leiden:

Leichter als die Unbeschwertheit an Leib und Seele
finden wir das gläserne Glück.
Das scheint fest und ist zerbrechlich.
Wenn es unter unseren Augen am schönsten strahlt und leuchtet,
dann genügt ein Hauch, und es zerbricht in kleine Stücke."[92]

Es ist Gottfried von Straßburg, der Dichter von *Tristan und Isolde*, der am Beginn des 13. Jahrhunderts diesen Begriff des ‚gläsernen Glücks' prägt. Das ‚gläserne Glück' aber spricht von mehr als nur seiner Zerbrechlichkeit und Gefährdung: Es spricht auch von seiner Kostbarkeit. Wer wollte schon sein gläsernes gegen ein flexibles Plastikglück, ein nicht kompostierbares Styroporglück oder ein robustes Betonglück eintauschen? Es ist nicht so, dass das gläserne Glück vom Schicksal sozusagen zum Zerbrechen vorhergesehen ist; es *kann* aber zerbrechen, vor allem dann, wenn man dessen Glascharakter vergisst und statt dessen eine Gummikonstruktion voraussetzt.

Beim Glück in der Liebe wird damit die Bedeutungsvielfalt des Glücksbegriffs besonders deutlich. Dieses Liebes-Glück reicht vom Glück als *happiness*, dem euphorischen Glücksgefühl, bis zum Glück als *eudaimonia*, dem Glück als menschliches Gedeihen. Das Glück in der Liebe ist beides. Das Auf-den-Wolken-Gehen, das Im-siebten-Himmel-Schweben gehört dazu. Aber die Lebensstrecken, in denen diese Glücksmomente nicht da sind, sind deshalb nicht glücklos. Denn Glück ist auch die mit Arbeit, Mühe und manchmal Frustration unternommene Verantwortung für das wechselseitige menschliche Gedeihen.

Glück mit Kindern

Neben der sexuellen Liebe ist es die Liebe zu Kindern, die ein Band zwischen Menschen und Generationen knüpft, Vergangenheit und Zukunft anders sichtbar werden lässt, Menschen nachhaltig verändert und ein eigenes Glück verspricht.

„Neue Beelterung" war, schon fast vergessen, eines der „Unworte" des Jahres 1998. Es war dasselbe Jahr, in dem zum ersten Mal das Klonen eines Kälbchens gelang. Der Zusammenhang zwischen einem Meilenstein der biomedizinischen Forschung, der eine erhebliche ethische Problematik aufwirft, und einer Sprachform, die auf eigentümliche Weise neue Beziehungsformen auszudrücken versucht, ist nicht auf den ersten Blick erkennbar, aber dennoch vorhanden.

Unsere zeitgenössische Situation ist durch sich rasant abspielende Veränderungen gekennzeichnet und zudem dadurch, dass diese Veränderungen sich jenseits unserer Vorstellungen vollziehen; mit den gängigen Rastern der Vorstellung sind sie kaum mehr einzuholen: Was man *herstellen* kann, kann man sich nicht mehr *vorstellen*. Dieser Bruch gilt nicht nur für den (gen-)technisch-medizinischen oder den naturwissenschaftlichen Bereich, sondern auch für den Bereich menschlicher Beziehungen und erst recht dort, wo diese Bereiche sich vermischen, wo beispielsweise mit Hilfe medizinischer Verfahren neue Beziehungsformen hergestellt werden.

Unter diesen neuen Beziehungsformen sind es insbesondere die Beziehungen zwischen Eltern und Kindern, an denen ein Wandel der allgemeinen Bilder- und Symbolwelt deutlich wird. Die Fragen nach Kinderwunsch, Kinderhaben und Elternsein sind Menschheitsfragen, die sich heute neu stellen.

„Cantilene: die Fülle der Liebe und jedes leidenschaftlichen Glückes verewigend."[93]

Mit diesem „Satz des Dichters", der ein Lebensoptimum beschreibt: Fülle der Liebe und nicht nur eines, sondern jedes leidenschaftliche Glück, beendet Peter Handke seine „Kindergeschichte". Der Vater hat seine Tochter ein Stück zur Schule begleitet und sieht an einem nassen, dunklen Wintermorgen helle Fenstervierecke und die Metallverschlüsse der Schulranzen und erlebt einen der mystischen Momente, die für ihn das Leben mit dem Kind prägen: „Beides verbindet sich jetzt und richtet sich auf zu einer einzigen, der einzigen, einer flammenden, in die Augen stechenden, noch zu entziffernden Schrift"[94] – der Schrift, die von Liebe und Glück spricht. Handkes „Kindergeschichte" ist die Geschichte des Vaters mit dem Kind in seinem ersten Lebensjahrzehnt – der Einbruch des Kindes in die Erwachsenenwelt, der Bruch der Ehe, der alleinerziehende, ewig umziehende Vater, und immer wieder die mystische Beziehung, die durch das Kind mit der Welt hergestellt wird: „Erst das Kind", heißt es da, „gab dem Ablauf der Tage die Weihe; sein Treiben erscheint ihm maßlos und nichtig (wenn er sich auch einmal vorstellt, *ohne* Kind mit der schönsten Frau der Welt das liederlichste Leben zu führen)."[95] Als Gegenpol gegen die Nichtigkeit der Welt kommt dem Kind für das Leben des Erwachsenen eine bestimmte Rolle zu:

„Er war überzeugt, dass das Kind da ein großes Gesetz verkörperte, welches er selber entweder vergessen oder nie gehabt hatte. War es ihm denn nicht im ersten Monat schon erschienen als sein persönlicher Lehrherr? Nicht erst irgendwelchen besonderen Äußerungen aus ‚Kindermund' glaubte er, sondern seinem bloßen Vorhandensein … Das-es-war gab dem Erwachsenen das Wahrheitsmaß an; für ein Leben, wie es sein sollte. Und dafür konnte man es sachlich verehren; und dabei durften einem zuweilen auch jene Wörter über die Lippen kommen, welche man

bisher, im Kino, als Pathos überhört und in den alten Schriften als ungebräuchlich überlesen hatte und die sich jetzt als die wirklichsten der Welt zeigten."[96]

Handkes Text ist ein deutliches Anzeichen für eine gravierende Veränderung in der Beziehung von Eltern und Kindern. In einer Zeit, in der die Liebe zwischen Mann und Frau sich immer wieder als anfällig, unsicher und be-liebig erweist, scheint das Kind als letzter Garant von Dauer, als letzte Möglichkeit der Verankerung des eigenen Lebens: „Was bleibt, ist das Kind."[97] „Es war fast", so heißt es bei Handke, „als sei das Kind erst das Richtige für ihn, als brauchte er nun überhaupt keine Frau mehr."[98] Auffällig ist in Handkes Text zunächst eine sprachliche Besonderheit: Das Kind tritt als „das Kind" auf – es hat keinen Namen. Das Kind mag der „Lehrherr" sein, den man „sachlich verehren" kann – zugleich ist es nicht wirklich lebendig. Es existiert allein in der Perspektive des Erwachsenen und zum Zweck dessen Sinnsuche.

Die Veränderung der Eltern-Kind-Beziehung lässt sich ähnlich beschreiben wie die Veränderung der Ehe. Auch hier ist die ‚gemeinsame Sache' verschwunden. Während die vorindustrielle Gesellschaft von der Nutzenfunktion von Kindern ausging – als Arbeitskräfte in Haus und Hof, als Alterssicherung und Hilfe in schwierigen Lebenslagen, als Erben von Namen und Besitz – ist *dieser* Nutzen in der postindustriellen Gesellschaft weitgehend nicht mehr vorhanden. An die Stelle des praktischen Nutzens ist der psychologische beziehungsweise emotionale Nutzen getreten. Elternschaft ist nicht mehr primär mit Dienst und Hingabe verbunden, sondern mit spezifischen Eigeninteressen – bis dahin, wo die Beziehung zu Kindern als die ‚andere Seite' der zweckrationalen Gesellschaft erscheint, als letzte ‚authentische' Beziehung.

Kinder bringen heute keine wirtschaftlichen Vorteile mehr, im Gegenteil; sie erhöhen das Armutsrisiko. In immer individualisierteren Lebensläufen können Eltern nicht mehr damit rechnen, dass Kinder ihnen im Alter oder in schwierigen Lebenssituationen eine Hilfe sind. Was bleibt, ist der emotionale Gewinn: das Gefühl, gebraucht zu werden, notwendig zu sein und sich in der nächsten Generation noch einmal verwirklicht zu sehen. Durch Kinder wird Sinn gesucht und Sinn geschaffen.

Auf diese neue gesellschaftliche Situation trifft nun eine Explosion von Möglichkeiten, die bisher für alle Epochen und Kulturen geltende anthropologische Konstante von Mutterschaft und Vaterschaft in Frage stellt.[99] Der Wandel in der Einstellung zu Sexualität und Fortpflanzung gleicht zunehmend einer kopernikanischen Wende: Elternschaft kann heute in genetische, biologische und soziale Elternschaft aufgespalten und mit Hilfe dieser Aufspaltung mit einem Maximum von Kontrolle realisiert werden. Aus dieser Situation resultiert wiederum ein neues Verständnis von Fruchtbarkeit und Unfruchtbarkeit. Fruchtbarkeit erscheint immer weniger als Schicksal und immer mehr als Wahl; in ähnlicher Weise wird auch Unfruchtbarkeit immer weniger zum Schicksal, aus dem zwangsläufig eine bestimmte Lebensform resultiert, zum Leid, das zu ertragen ist. Der allgemeine Gestus der Gegenwart, die ‚Schicksal' als Ergebnis eigenen Handelns und Verhaltens deutet, zeigt sich hier besonders eindrücklich: Weil *nie alle* Möglichkeiten der sich schnell entwickelnden reproduktionstechnischen Medizin ausgeschöpft sind, wandelt sich Unfruchtbarkeit tendenziell vom Schicksal zur freien Entscheidung: Erst die Verweigerung anfänglicher oder weiterer reproduktionsmedizinischer Maßnahmen macht aus einer potentiellen eine reale Unfruchtbarkeit.

Sowohl die Veränderung der Eltern-Kind-Beziehung als auch die tendenzielle Umdeutung von Unfruchtbarkeit basieren auf einer Idealisierung des Kindes. Hand in Hand damit geht eine altneue Idealisierung der Mutterschaft, die – wieder – als eigentliche Erfüllung ‚der Frau' gedeutet wird. Diese Idealisierung ist notwendig als Bewältigungsstrategie der reproduktionsmedizinischen Eingriffe und kontrastiert auf eine eigentümliche Weise mit einem gesellschaftlichen Kontext, dessen Kinderfeindlichkeit – trotz aller Sondereinrichtungen für Kinder – zunehmend erfahrbar wird und für den Kinder als weitaus größtes Armutsrisiko fungieren.

Auch die Mutterliebe, die uns als große Konstante der Geschichte erscheint, hat eine Geschichte.

„1780: Der Polizeileutnant Lenoir stellt nicht ohne Bitterkeit fest, dass von den 21 000 Kindern, die jährlich in Paris geboren werden, knapp 1000 von ihren Müttern gestillt werden. Weitere tausend genießen das Privileg, im Elternhaus von Säugammen gestillt zu werden. Alle anderen werden im zartesten Alter bei einer Pflegemutter untergebracht, die unter Umständen weit weg lebt."[100]

Vor 1760 kann man weder von einem allgemeinen Begriff der Mutterliebe noch von dem gesellschaftlichen Phänomen der Kindheit sprechen. Im religiösen Kontext gelten Kinder vor dieser Zeit als Inbegriff der verderbten menschlichen Natur – so auch bei Augustinus, der voraussetzt, dass es keine kindliche Unschuld gibt.[101] Im säkularen Bereich ist die Kindheit nicht der Ort der Sünde, sondern der Ort des Irrtums; Descartes geht davon aus, dass die Tatsache, dass jeder Mensch Kind gewesen ist, die Quelle seiner Irrtümer sei.[102]

In der zweiten Hälfte des 18. Jahrhunderts nun vollzieht sich die Wende. Philippe Ariès hat die Ikonographie, die Pädagogik und die Kinderspiele untersucht und kommt zu dem Ergebnis, dass in dieser Zeit Erwachsene ihr Bild von Kindheit ändern und ihr eine Beachtung schenken, die neu ist.[103] In drei Bereichen wird die Vorstellung von diesem neuen Status des Kindes vorangetrieben – im Bereich der Wirtschaft, der dem Kind materiellen Wert zuschreibt, im Bereich der Philosophie, die die Freiheit und Gleichheit aller Menschen behauptet, und in einem Frauendiskurs, der den entscheidenden Einfluss der Frauen auf die Gesellschaft diskutiert. Rousseau war einer der bedeutenden Wegbereiter und Begleiter – ungeachtet dessen, dass seine eigenen Kinder keineswegs davon profitierten. Seine Idee vom Gesellschaftsvertrag, seine Idee von Freiheit und Gleichheit als grundlegende menschliche Werte und eine Ideologie, die von der Autorität weg auf Liebe zielt, leiten eine neue Epoche ein: Die Kindheit wird zum eigenen Lebensabschnitt, Kinder werden zum kostbaren Gut, zu je unersetzlichen Wesen. Kleidung, Wohnen, Spielen und Lernen, der Konsumbereich und der Kulturbereich – alle haben sich auf eine eigene Kinderwelt eingestellt. Das war nur möglich, weil die aufblühende Liebe zum Kind die Kinder erst zur eigenen Wirklichkeit werden ließen und gleichzeitig wirtschaftliche Veränderungen die Kinder aus den Sachzwängen entließen – sie waren nicht mehr die entscheidenden Arbeitskräfte oder die entscheidende Lebensversicherung.

Der entscheidende Unterschied zwischen der ‚alten' und der ‚neuen' Zeit ist eine unterschiedliche Bedürfnisstruktur: Vor 1750 war das einzig wahrnehmbare und wahrgenommene Bedürfnis das Bedürfnis der Erwachsenen, das seinerseits geformt und überformt war von wirtschaftlichen, gesellschaftlichen und religiösen Prozessen. Erst nach 1750 entwickelt sich die Wahrnehmung einer kindlichen Bedürfnisstruktur, die zwar keineswegs in allen Zusammenhängen anerkannt worden ist, die aber eine deutliche Perspektivverschiebung ausgelöst hat. Erst im Jahr 1872 etabliert sich eine Kinderheilkunde innerhalb der Medizin.

Und heute scheinen wir am Ende dieses Prozesses zu stehen. Vielleicht stehen wir sogar – nicht als einzelne, sondern als abendländische Kultur – am Ende der Kindheit. Dieses Ende der Kindheit ist nicht allein der Mediengesellschaft zuzuschreiben, die den Schutzraum der Kindheit zerstört. Das Ende der Kindheit könnte auch in einer erneut veränderten Bedürfnisstruktur zu suchen sein. Denn immer häufiger schiebt sich das Bedürfnis der Eltern nach ‚Sinn durch Kind' in den Kinderwunsch, immer häufiger gibt es Eltern, die auf diese Weise sich das ‚Andere' des Kindseins einverleiben. Kinder sind in unseren westlichen Gesellschaften in der Regel keine billigen Arbeitskräfte oder Lebensversicherungen mehr. Sie werden vielmehr – auf einer anderen Ebene – gebraucht, missbraucht vielleicht, um das Lebensglück der Eltern herzustellen: Eine ungeheure Hypothek, mit der ein kleiner Mensch auf die Welt kommt; und zudem eine uneinlösbare. Denn dass das Herstellen des Lebensglücks via Kind zwischen durchwachten Nächten, Wäschebergen, Karrieredefiziten und den klein gewordenen Kreisen, innerhalb derer man sich mit Kind bewegt und die als Hohn auf alle Globalisierung erscheinen, fast zwangsläufig missglücken muss, ist nur zu einsichtig.

Das bedeutet nun nicht, dass es kein Glück mit Kindern gäbe. Es ist aber genau das: Glück *mit* und nicht Glück *durch* Kinder. Es ist ein Glück von der *eudaimonia*-Sorte, eines, das nicht aus einer Aneinanderreihung euphorischer Momente besteht, sondern im Idealfall in der vom Überschuss des eigenen Lebensglücks getragenen Sorge um ein ganz konkretes menschliches Gedeihen.

Glück für Kinder: pädagogische Überlegungen

Man mag es als Alterserscheinung deuten:

Sowohl die kollektiven literarischen als auch die individuellen Geschichten unserer Kultur träumen immer wieder das Glück in die Kindheit zurück. Die Kindheit erscheint als Zeit der Geborgenheit bei gleichzeitig offener Welt und offenen Möglichkeiten, Zeit des Staunens und der vorbehaltlosen Liebe, Zeit, um vieles ein erstes Mal zu sehen, zu hören, zu schmecken, zu fühlen und zu tun.

Wenn Kinder das Schulalter erreichen, wenn sie in ein großes neues System integriert werden, schlägt häufig die Stimmung der Geschichten um. Wo gerade noch vom goldenen Glück der Kindheit die Rede war, begegnet uns dann das gut dokumentierte Unglück: Erfahrungen von Ungerechtigkeit und Scheitern, Ausgrenzung und Respektlosigkeit, Langeweile, Angst und Fremdbestimmung, Erfahrungen der Identifikation eines Menschen mit seinen Fehlern. Damit ist nicht *die* Schulerfahrung als Ganzes beschrieben; vermutlich aber lernt jedes Kind unterschiedlich gravierende Elemente dieses Unglücks kennen, und manche Kinder sind dieser Negativität ganz ausgeliefert. Das Wohlbefinden bei Kindern ist – so eine Befragung – beim Zahnarzt am niedrigsten. Am zweitniedrigsten ist es in der Schule; der Unterschied zum Zahnarzt ist gering.[104]

Die Schule, so erzählt ein Kind, sei wie eine Fahrt im Bus: man sitzt da, sieht die Welt vorbeiziehen, und aussteigen kann man erst um dreizehn Uhr fünfzehn.[105]

Glück ist selten ein Thema der Pädagogik.

Wenn davon gesprochen wird, dann häufig, indem man das Kindheitsglück hoch schätzt – aber nicht auf Kosten eines stabileren und allgemein akzeptierten Glücks in der Zukunft. *Du wirst mir einmal dafür dankbar sein*: ein Satz, mit dem Erwachsene auf Dingen bestehen – Disziplin oder Kenntnis von Kommaregeln –, die mit dem Glück der Kinder konkurrieren oder dieses Glück zumindest kurzzeitig beeinträchtigen.

Glück ist gebunden an die Wahrnehmung und Befriedigung von grundlegenden und entscheidenden Bedürfnissen: Bedürfnisse nach Nahrung, Bewegung, Ruhe; nach Zuneigung, Zugehörigkeit und Respekt; nach Freiheit und Kreativität; nach Anerkennung und Geborgenheit; nach Sinn. Dies sind Bedürfnisse erster Ordnung. Alle Erziehungsprozesse haben nun – auch – mit Bedürfnissen zweiter Ordnung zu tun. Dies sind Bedürfnisse, die von den Betroffenen häufig nicht selbst wahrgenommen und formuliert werden; sie werden von außen an sie herangetragen. Andere definieren diese Bedürfnisse für sie: Bedürfnisse nach ausreichend Gemüse, nach Manieren und Disziplin, häufigerem Händewaschen, ausreichendem Nachtschlaf und, natürlich, der Kenntnis von Grammatik und Rechenarten, Hauptstädten, Nebenflüssen, Handstandüberschlägen und der Systematik der Wirbeltiere.

Hier sind Bedürfnis-Konflikte unvermeidbar. Es sind nicht nur Konflikte zwischen Bewegung und Stillsitzen, zwischen dem eigenen Interesse und dem, wofür das Kind sich interessieren *sollte,* sondern auch zwischen dem Bedürfnis nach Anerkennung und Wertschätzung und bestimmten etablierten Formen des Umgangs, des Testens und der Bewertung.

Diese Konflikte müssen ernst genommen und immer neu ausgehandelt werden: Die Vokabeln mögen häufig – aber nicht immer – wichtiger sein als das Spiel; die Wertschätzung bleibt Grundlage jeder Bewertung. Es ist nötig, diese Konflikte zu thematisieren, auch die Trauer, den Ärger und die Frustration der Kinder wahrzunehmen, die sich nicht ohne Umstände in die Ordnung derer, die manches besser wissen, einfügen lassen. Dass es *mir nicht geschadet hat,* ist noch kein Argument. Zuviel schwarze Pädagogik hat sich vererbt durch die Idee, dass

Zwang oder sogar Grausamkeit letzen Endes für die Betroffenen ‚gut' sind.

Zugleich kann und darf es nicht darum gehen, diese Bedürfnisse zweiter Ordnung einfach zurückzustellen. Zum einen sind schmutzige, ausschließlich Schokolade essende und fernsehende Kinder nicht automatisch glücklich; zum anderen würde sich ein Erziehungsprozess selbst ad absurdum führen, wenn er nicht die Aufgabe übernähme, Kindern *cultural literacy* zu vermitteln, die Fähigkeit, die Kultur ‚lesen', sich darin bewegen und sie gestalten zu können. Mihalyi Csikszentmilhalyi hat das Konzept des „flow" beschrieben, des Aufgehens in einer Tätigkeit. Diese Tätigkeit muss aber bestimmte Bedingungen erfüllen: Wir müssen ihr gewachsen sein, sie muss uns herausfordern, sie muss deutliche Ziele haben, wir müssen Kontrolle über sie haben und wir müssen in ihrer Ausübung die Zeit vergessen können. Eine solche Tätigkeit kostet Konzentration und Anstrengung. Kinder, denen dies nicht abverlangt wird, wird der Zugang zu einer besonderen Art des Glücks und der Zufriedenheit verweigert. Kinder, denen Tätigkeiten abverlangt werden, denen sie nicht gewachsen sind, die sie nicht herausfordern, die keine deutlichen Ziele haben und über die sie keine Kontrolle haben, wird ebenfalls der Zugang zu einer besonderen Art des Glücks und der Zufriedenheit verweigert.

Zugleich ist der Konflikt zwischen Bedürfnissen eine Grundfrage, die Menschen ihr Leben hindurch begleitet: Was will ich wirklich? Wie lerne ich meine Wünsche und Bedürfnisse zu verstehen und zu bewerten? Wie verhalten wir uns in einer Konsumentenkultur, die nur funktioniert, indem beständig neue Bedürfnisse geweckt werden? Nicht nur der Umgang mit einander widersprechenden Bedürfnissen, sondern auch die Thematisierung solcher exemplarischer Situationen ist ein eigenes dringendes Bedürfnis für den Erziehungsprozess.

Schule ist also darauf angewiesen, in reflektierter Weise von Kindern zu verlangen, aktuelle Bedürfnisse zugunsten Bedürfnissen zweiter Ordnung zurückzustellen. Sie schuldet den Kindern damit Rechenschaft über das Konzept dieses angestrebten zukünftigen Glücks.

Die Lerninhalte heute konzentrieren sich auf die Möglichkeit der Kinder, später auf unterschiedlichen Ebenen in die Berufswelt integriert werden zu können. Diese Anstrengung ist im Hinblick auf ein glückliches Leben hoch zu schätzen. Zugleich sagt die unmittelbare Lebenserfahrung, was die Glücksforscher der „positiven Psychologie" erforscht haben: Lebensglück ist mindestens in gleicher Weise in anderen Bereichen zu suchen – im Zuhause, in gelingenden Beziehungen, in Fruchtbarkeit im biologischen und übertragenen Sinn, in einer Beziehung zur Natur, in Teilhabe am öffentlichen Leben, im Bereich von Sinnstiftung und Spiritualität. All diese Bereiche, die elementar sind für ein glückliches Leben, werden in den Schulcurricula immer wieder vernachlässigt – oder nur in einer bestimmten Weise thematisiert.

Ein Beispiel:

Das Bauen eines Hauses ist unterschieden vom Schaffen eines Zuhauses; eines ist eine Technik, das andere eine Kunst. Das Schaffen eines Heims galt lange Zeit als Frauenarbeit, die Mädchen automatisch durch Nachahmung lernen. In der Schule gibt es eine belächelte Hauswirtschaftslehre, die sich technisch und moderner als Ernährungswissenschaften präsentiert. Hier wird für eine kleine Auswahl von Schülerinnen ein *technischer Ausschnitt* dessen angeboten, wonach eigentlich alle Kinder und Jugendlichen auf einer *philosophischen Ebene* fragen sollten: Wann ist ein Haus ein Zuhause? Was bedeutet es, ein Zuhause zu haben und nicht obdachlos, geflüchtet, vertrieben zu sein? Was bedeutet es, einen Ort für die eigenen Dinge zu haben, einen Ort für Intimität? Was bedeutet Stabilität und

Instabilität für ein Zuhause? Was heißt es, eine Adresse zu haben? Wann ist ein Zuhause die Erweiterung der eigenen Identität? Was bedeutet es, Gäste zu haben, und wie verstehen wir das kostbare kulturelle Konzept von Gastfreundschaft?

Mit diesen Fragen wird deutlich, dass ein Verständnis des „Hauses" mehr ist als eine geometrische und statische Berechnung und mehr als eine Sammlung von Kochrezepten. Das ‚Haus' ist einer der Orte, an denen Leben gelingen kann – und als solcher sollte dieser Ort in der Schule thematisiert werden.

Ähnliches wird deutlich am Beispiel von Fruchtbarkeit. Hier gibt es einen ‚technischen' Zugriff, indem in der Schule Informationen über Sexualität und Verhütung gegeben werden. Zugleich aber ist das Geborensein die Grundkonstante, die allen Menschen eigen ist und die alle Menschen teilen. Nicht nur die Bedürfnisse Neugeborener, sondern auch komplizierte Beziehungen und divergierende Lebensentwürfe von Eltern und Kindern erfordern Wissen. Zugleich kann ein wesentlicher Teil des Glücks eines Erwachsenenlebens darin bestehen, sich darüber klar zu werden, welche Beziehungen zu Kindern – nicht unbedingt den eigenen – man anstrebt und pflegt und was man Kindern – nicht unbedingt den eigenen – schuldet.

Wenn Glück in hohem Maße in gelingenden zwischenmenschlichen Beziehungen zu suchen ist, dann sind Tugenden wie Einfühlungsvermögen, Mitleid, Achtung und Verantwortung an Glück gekoppelt. Zugleich gibt es intellektuelle Tugenden, die ein glückliches Leben befördern: Offenheit, kritisches Denken, das Erkennen und Aushaltenkönnen von Ambivalenz, Großzügigkeit des Geistes.

Es sind diese sozialen und intellektuellen Tugenden, die Grundlage schulischer Bildung sein sollten.

Wie also ließe sich das Glück auch für pädagogische Prozesse zurückgewinnen?

Die Schule ist ein Ort der Konflikte zwischen Bedürfnissen erster und zweiter Ordnung. Hier sollten Bedürfnisse ins Bewusstsein und ins Gespräch gebracht werden, Bedürfnissen sollte Raum gegeben werden, Bedürfnisse sollten beispielhaft gegeneinander abgewogen werden.

Wenn Schule Kinder für ein selbständiges Leben in einer zukünftigen Welt vorbereiten will, dann müssen die Inhalte des Lernens überprüft werden. Es muss deutlich werden, dass gerade die Bereiche, in denen Menschen Glück finden, nicht einfach übergangen oder als technische Probleme abgehandelt werden können.

Die Schule ist kein Bus zum Leben. Sie ist vielmehr eine Form des Lebens selbst. Glück in pädagogischen Prozessen ist damit nicht nur zukünftiges und angestrebtes; das Zukünftige und Angestrebte wird nie gegenwärtig werden, wenn es nicht in der Gegenwart schon verankert ist. Das Aushalten von Mühe und Anstrengung, deren Sinn erkennbar ist, kann das Glück schon in der Gegenwart verankern. Das Aushalten von Grausamkeit und Ungerechtigkeit kann auch das zukünftige Glück beschädigen.

Noch einmal: Glück in der Liebe?

Menschen können vieles lieben – Haustiere und Bachkantaten, Orte und Tätigkeiten. Es steckt ein Glück in alldem; das Glück, in besonderer Weise an einem Ort zu Hause zu sein oder das Glück, in besonderer Weise etwas tun zu können. Die Liebe zu Menschen und das Glück, das daraus erwächst, ist anders, zugleich umfassender und gefährdeter.

Das Glück der Menschenliebe ist gefährdet durch verbissene

Tugend; das Glück der romantischen und sexuellen Liebe ist gefährdet durch ihre gläserne Konsistenz, verbunden mit schierer Überforderung; das Glück in der Liebe zu Kindern ist gefährdet durch Brüche zwischen den Generationen, durch Glücks-Hypotheken, mit denen Kinder geboren werden und, paradoxerweise, durch Formen der Erziehung, die das spätere Glück der Kinder sicherstellen wollen.

Menschen sind zerbrechlich. Sie sind zerbrechlich, weil sie Menschen sind, fehlbar und vergänglich. Menschen aus Fleisch und Lust und Furcht und Sehnsucht und Liebe – und nicht aus Hartplastik und Stahl. In diesem vielschichtigen Gefährdetsein, in seiner Zerbrechlichkeit, zeigt sich aber auch die Kostbarkeit dieses Glücks. Es ist kein Glück robuster Selbstverständlichkeiten und kein Glück, das einfach sorgenfrei und sorglos gelebt werden kann. Das Glück ist fest im Ernst des Lebens verwurzelt und kann vielleicht gerade deshalb die buntesten Blüten hervorbringen.

4. Kapitel

Glück und Glaube?

Glück und Glaube oder sogar: *Glück in Gott* – gibt es das? Gibt es das heute noch? Sollten wir vielleicht das Wort ‚Glück' ersetzen – durch ‚Tugend', ‚Güte', ‚Hoffnung' oder ‚Vertrauen'? Aber: ‚Glück'?

Es ist nicht umsonst die Tradition des *christlichen* Abendlandes, die keine Kunst des Liebens und keine Kunst des Glücklichseins hervorgebracht hat. Das liegt nicht nur daran, dass für beides eines der gegenwärtig knappsten Güter notwendig ist – Zeit. Es liegt auch an der Geschichte des Christentums im Abendland, die auch unsere Geschichte mit dem Christentum ist.

Es war lange Zeit charakteristisch für das christliche Lebensgefühl, dass die Frage nach *konkretem* Glück und Unglück überlagert werden konnte von der Frage nach *wahrem* Glück und Unglück. Dieses wahre Glück und Unglück hatte seine eigenen Bilder und seine eigenen Orte.

Himmel und Hölle

Das Christentum kennt sie durchaus, die *beati*, die *makarioi*, die Glückseligen. Nur sind sie in der Regel tot. Der biblische Ausgangspunkt dafür mag – unter anderem – ein Text aus der Offenbarung gewesen sein: „Glückselig – makarioi – die Toten, die im Herrn sterben." (Off 14, 13) Dass aber nun ausgerechnet die Toten, bestimmte Tote, als glückselig gepriesen werden, liegt unter anderem an deren vermutetem Zustand und Aufenthaltsort – denn der ‚Himmel' ist beides. Mit „Freude, Glück, Herrlichkeit, Seligkeit, Süße" wird er beschrieben, und wenn man von dieser Herrlichkeit „alles gesagt hätte, was aller Menschen Zungen zu sagen vermögen, so hätte man doch kaum den kleinsten Teil von Ihr berührt“ – so jedenfalls Calvin, der damit das Bild strenger Kargheit, das die Nachwelt von ihm zeichnet, durchaus unterläuft.[106]

In einer großen perspektivischen Verschiebung wird in dieser Schicht christlicher Tradition das zukünftige Leben zum eigentlichen Leben – dem eigentlich entscheidenden. Alle, die Glück oder Unglück auf das irdische Leben beziehen wollen, werden, so Augustinus im *Gottesstaat* (19, 4), ausgelacht – von der Wahrheit selbst:

„Jene aber, die meinten, die Güter und Übel lägen in diesem Leben, und die das höchste Gut in den Leib oder in den Geist oder in beides verlegte ... – sie alle wollten in erstaunlicher Verblendung hier auf Erden und durch sich selbst selig werden. Über sie lacht die Wahrheit.“

Das angemessene irdische Gefühl ist darum nicht Glück, sondern Hoffnung; durch Hoffnung wiederum aber „werden wir glücklich. Und so besitzen wir die Seligkeit ebenso wie das Heil nicht als gegenwärtiges, sondern erwarten es als künftiges, und das mit Geduld.“

Die Evangelien schreiben Jesus eine klare Vorstellung vom Jenseits zu. Wir hören, dass der arme stinkende und eiternde Lazarus nach seinem Tod von den Engeln zu Abraham und an dessen Brust getragen wurde (Lk 16, 19ff); in seinem Streitgespräch mit den Sadduzäern klärt Jesus die Frage der Wiederverheirateten im Himmel (Lk 20, 27ff), und dem Mitgekreuzigten verspricht er das Paradies „noch heute“ (Lk 23, 43). Dieser Himmel des Neuen Testamentes ist geerdet in der charismatischen Lebensweise Jesu und deren theozentrischem Charakter: Gott allein ist das Maß des Lebens – hier oder dort.

Dieser Vorstellung zugrunde liegt eine allmählich entstandene und nicht einheitliche Vorstellung im Judentum: Der Himmel wird dort einerseits gedacht als Entrückung zu Gott, die zunächst nur besonders Privilegierten zukommt – dem Propheten Elija etwa; andererseits existiert eine Vorstellung von Auferstehung als Rückkehr in ein idealisiertes irdisches Leben – eine Vorstellung, die vor allem im Zusammenhang mit Märtyrern immer wieder auftaucht, mit Menschen, deren Leben zur Unzeit abgebrochen ist.

Eine ähnliche Doppeltradition entwickelt sich im Christentum. Es ist das Verdienst des Thomas von Aquin, der als Kölner Student unter Albertus Magnus die *Nikomachische Ethik* des Aristoteles studiert, den Glücksbegriff für die Theologie hoffähig gemacht zu haben. Auch das irdische Glück bekommt eine eigene Rechtfertigung, denn es ist Teilhabe am anderen, wahren Glück. Dieses Glück besteht nun, ob irdisch-unvollkommen oder himmlisch-vollkommen, in Gott. Dessen ewige Kontemplation macht die Seligkeit der Seligen aus – eine Vorstellung, die in Form von kontinuierlichem Halleluja-Singen nicht nur in Bayern karikiert worden ist. Der Inhalt des himmlischen Glücks ist hier Gott – Gott allein. Die extreme Position wird von Pierre Nicole (1625–1695) formuliert: „Der Mensch ist geschaffen, um in ewiger Einsamkeit mit Gott allein zu leben."[107]

Schon die Liebenden des Mittelalters aber konnten sich nicht mit dem Himmel der Scholastik abfinden, und hier sind die Wurzeln der im 18. Jahrhundert entfalteten zweiten und vorwiegend romantischen Himmelstradition. Gott allein und die ewige Anbetung genügt nicht mehr – die himmlische Liebe bekommt irdische Gestalt, die irdische Liebe wird ins Himmlische übertragen. „Auf Wiedersehen" lauten nun die Grabinschriften, und in Novalis' „Lied der Toten" heißt es:

„Leiser Wünsche süßes Plaudern
Hören wir allein, und schauen
Immerdar in selge Augen,
Schmecken nichts als Mund und Kuss."[108]

Himmelsromane prägen im 19. Jahrhundert die englische Trivialliteratur. Ein später Nachfahr dieser Himmelsromane, in dem nicht die Ehe, sondern die Geschwisterfreundschaft und Geschwistertreue verewigt wird, ist Astrid Lindgrens *Brüder Löwenherz.*[109]

„Weißt du, dass ich bald sterben muss?", fragte ich und weinte. Jonathan dachte ein Weilchen nach. Er antwortete mir wohl nicht gern, doch schließlich sagte er: „Ja, das weiß ich."

Da weinte ich noch mehr.

„Wie kann es nur so was Schreckliches geben?", fragte ich. „Wie kann es so etwas Schreckliches geben, dass manche sterben müssen, wenn sie noch nicht mal zehn Jahre alt sind?"

„Weißt du, Krümel, ich glaube nicht, dass es so schrecklich ist", sagte Jonathan. „Ich glaube, es wird herrlich für dich."

„Herrlich?" sagte ich. „Tot in der Erde liegen, das soll herrlich sein?!"

„Aber geh", sagte Jonathan. „Was da liegt, ist doch nur so etwas wie eine Schale von dir. Du selber fliegst ganz woanders hin."

„Wohin denn?", fragte ich, denn ich konnte ihm nicht recht glauben.

„Nach Nangijala", antwortete er.

Wie jeder Himmelsroman ist auch Lindgrens Text ein Trostroman. Zugleich ist er in hohem Maß unkonventionell: Um – auch als Kinderbuch – ein Trost-Text sein zu können, muss die Realität des Todes in großer Deutlichkeit gezeigt werden. Und: Dieser Himmelsroman ist eine Abenteuergeschichte, die völlig ohne Gott auskommt.

Die Welt hinter unserer Welt, Nangijala, ist eine Welt der Lagerfeuer und Sagen, ein Land voller Abenteuer. Der kleine Krümel ist hier gesund, kann schwimmen und laufen – und muss eine große Mutprobe bestehen. Erst als das große Abenteuer der beiden Brüder, die Rettung Nangijalas, beendet ist, eine Rettung, die der Retter mit dem Tod bezahlt, wagen die Brüder den Sprung in den Abgrund nach Nangilima – dorthin, wo nicht mehr die grausame Sagenzeit herrscht, sondern die Zeit der Freude und des Spiels. Es ist ein Ende, das, wäre es nicht mythisch überhöht – nach irdischen Maßstäben sind die Brüder schon tot –, als Doppelselbstmord gelten könnte.

In interessanter Weise wird hier sowohl die Tradition säkularer Himmelsromane als auch die christliche Tradition, die dem Himmel ein Fegefeuer vorschaltet, verfremdet. Die erste Welt jenseits des Todes sieht nur auf den ersten Blick altmodisch-zauberhaft aus; sie ist nach wie vor von dem Grundkonflikt des Menschlichen, dem Konflikt zwischen Gut und Böse geprägt. Krieger und Helden müssen diese Welt bewohnen, und sie gibt den Kindern die Gelegenheit, sich zu bewähren, sich zu beweisen – und sich selbst zu finden:

„Warum hast du diesem Pärk das Leben gerettet? War das wirklich recht?“

„Ich weiß nicht, ob es recht war“, antwortete Jonathan. „Aber es gibt Dinge, die man tun muss, sonst ist man kein Mensch, sondern nur ein Häuflein Dreck, das habe ich dir schon früher gesagt.“

„Und wenn er nun gemerkt hätte, wer du bist?“, fragte ich. „Wenn sie dich nun gefangen genommen hätten!“

„Ja, dann hätten sie eben Löwenherz gefangen und kein Häuflein Dreck“, sagte Jonathan.

In einer Welt des Konflikts geht es nicht ohne Töten ab; auch bei einem noch so guten Ende müssen zumindest die Bösen sterben. Darum bedarf es einer weiteren Welt – einer Welt, die weder das Töten noch das Sterben kennt und in der menschliches Leben, endlich, vollkommen sein darf. Lindgren, die eine Literatur der ‚freien Kinder‘ entworfen hat, hat hier ‚freie Kinder‘ geschaffen, die – im Durchgang durch das Schlimmste – eine neue, große Form der Freiheit finden: die Freiheit von allem Übel. Die Kinder selbst sind die Akteure dieses großen Erlösungsgeschehens. In dieser Rolle sind sie verfremdete Christusgestalten, die durch selbstloses Handeln durch den Tod hindurch gehen und die Welt für immer verändern.

Diese anthropozentrische Himmelstradition, die sich mit dem Menschlichsten, den menschlichen Beziehungen, befasst, steht damit fest auf dem Boden der Neuzeit: Je mehr der Tod als individueller Selbstverlust erscheint, desto dringender muss diese Angst durch die Individualisierung des Jenseitsschicksals aufgefangen werden.[110]

Astrid Lindgrens durchaus umstrittenes Buch ist ein Zeichen dafür, dass die Jenseitstraditionen der Religionen nicht einfach an ihr Ende gekommen sind. Sie werden entweder bis zur Unkenntlichkeit individualisiert; oder aber sie werden in Form von Reinkarnationshoffnungen zur Möglichkeit, menschlicher Endlichkeit auszuweichen – gleichgültig, welche Formen dieses reinkarnierte Leben dann annimmt.

Sowohl in den traditionell-offiziellen als auch in den geheimen postmodernen Jenseitsbildern sind die jeweils aktuellen Glücksvorstellungen Spiegelbilder der häufig konkreteren Unglücksvorstellungen. So ist das Unglück bei Astrid Lindgren das Unglück des kranken Kindes, das stirbt, ohne jemals wirklich gelebt zu haben; und es ist das Unglück, dass es dort, wo der Kampf von Gut und Böse herrscht, nicht ohne Töten abgeht. Erst daraus entwickelt sich das Bild des Glücks: das Bild einer Welt, die nicht nur menschliche Gebrechen, sondern auch den Kampf zwischen Gut und Böse hinter sich gelassen hat, einer Welt der Freude und des Spiels.

Die unterschiedlichen Grundmodelle des Himmelsglaubens – Himmel als glückselige Gottesschau, Himmel als Ort der Wiederbegegnung mit den Verstorbenen – oder aber der Abschied vom Himmelsglauben im Denken der radikalen Endlichkeit des Menschen, der durch Gott erinnert wird – müssen nicht gegeneinander ausgespielt werden. Es sind Urbilder der Menschen, die sich gültig über menschliche Endlichkeit verständigen.[111]

Auch die konkreten Unglücksbilder, die zur Negativ-Folie des Glücks werden, haben Tradition: In der apokryphen, etwa 140 n. Chr. entstandenen Petrusapokalypse wird die Hölle beschrieben:

„Sünder und Heuchler werden in den Tiefen niemals endender Finsternis liegen … die Verfolger der Gerechten stehen in der Hölle bis zu den Hüften in Flammen. Sie werden an einen finsteren Ort geworfen und gegeißelt, nimmermüdes Gewürm frisst ihre Eingeweide. Lästerer werden an ihrer Zunge aufgehängt und unter ihnen wird Feuer entfacht …, flüssiges Eisen gießt man in ihre Augen. Diejenigen, die nur zum Schein Almosen gaben, werden blind und stumm und fallen auf nie verlöschende Kohlen. Zauberer werden an sich drehenden Feuerrädern aufgehängt. In einem See voller Kot stehen die Wucherer, die Bedrücker der Witwen, Frauen und Kinder werden in eine Feuersäule spitzer als Schwerter geworfen. Huren werden an den Haaren über einem glühenden Flammensee aufgehängt, ihre Liebhaber hängen ihnen an den Schenkeln, die Köpfe im Schlamm. Frauen, die ihre Kinder abtreiben, stehen bis an die Kehle in einem Kotsee. Ihnen gegenüber sitzen die Kinder; von ihnen aus schlagen Feuerblitze den Frauen in die Augen. Die Milch fließt aus ihren Brüsten, gerinnt und fleischfressende Tiere entstehen daraus, sie kriechen heraus und quälen die Frauen. Homosexuelle werden einen Abhang hinunter gestürzt und immer wieder hinaufgehetzt. Mörder werden im Feuer von giftigen Würmern getötet …“[112]

Psychologisch scheinen sich Menschen den Himmel nicht ohne Hölle vorstellen zu können. Wie es aber – theologisch –

einen Himmel in Anbetracht der Hölle geben kann – diese Frage wird in ihrer ganzen Schärfe erst in der Neuzeit gestellt:

„Alle, die im tiefsten Grunde ihres Herzens nicht vergeben können, glauben natürlich auch, dass Gott nicht vergeben könne, und darum erfinden sie die ewige Höllenpein. Wie sehr sie mit dieser Erfindung Gott, der die Liebe ist, schmähen, das wissen sie nicht." – so der Theologe Ferdinand Ebner (1882–1931).[113]

Glück im Diesseits?

Mit dem Glück im Diesseits tut sich das Christentum immer wieder schwer. Die „Zuckererbsen für jedermann" sind für Heinrich Heine *das* Bild irdischen Glücks zur rechten Zeit: „Sobald die Schoten platzen" – und eine dezidiert gegen-religiöse Forderung: „Den Himmel überlassen wir den Engeln und den Spatzen."[114]

Hier stoßen wir auf das christlich komplexe Verhältnis von Glück und Unglück. Das große allübersteigende Glück des Himmels, so die Meinung vieler Jahrhunderte, gibt es nicht umsonst, sondern steht – wie in der biblischen Geschichte vom armen Lazarus und dem reichen Prasser – in einem direkten Verhältnis zum irdischen Unglück: Je größer das erfahrene eine, desto größer auch das erwartete andere.

Nun gibt es, mit unseren irdischen Augen betrachtet, das *Glück im Unglück*. Es ist das Glück, sich – im konkreten oder übertragenen Sinn – nur ein und nicht zwei Beine gebrochen zu haben und sich im Anschluss daran in den Assistenzarzt zu verlieben. Dieses Glück im Unglück kann eine Grenzerfahrung sein und verweist damit auf einen Horizont jenseits der Grenze. Dort, wo die bedrohliche Krankheit doch nicht tödlich ist, dort, wo aus dem Schicksalsschlag neue Hoffnung wächst, bricht die

Oberfläche der gewohnten Erfahrung auf. Was Hölderlin formuliert – „Wo Gefahr ist, wächst das Rettende auch“ – ist keine allgemeine und oberflächliche Lebensregel, wohl aber eine zutiefst menschliche Erfahrung, die an die Wurzeln menschlichen Selbstverständnisses rührt.

Dieses Glück im Unglück bekommt nun in der Geschichte des Christentums eine besondere Zuspitzung. Hier gibt es nicht nur das *Glück im Unglück*, sondern auch das *Glück durch Unglück*. Diesem sehr merkwürdigen Glück lohnt es sich nachzuspüren.

Glück im Unglück: Masochismus und Religion

„Aus Leiden Freuden“ – so lautet der Titel, den Theodor Reik seiner 1940 erschienen Studie über *Masochismus und Gesellschaft*[115] gab. Dass Ehre, Erfahrung oder Reifung aus Leiden resultieren könnten, wäre ein gesellschaftlich weitaus akzeptabler Vorschlag gewesen – aber Freuden? Dieser Titel eröffnet die Möglichkeit einer doppelten Assoziation: derjenigen des religiösen Frömmigkeitsverhaltens, bei der aktuelles Leiden der künftigen Freude wegen ertragen, begrüßt oder sogar produziert wird und derjenigen des – perversen – Sexualverhaltens, bei der Lust und Unlust miteinander legiert werden. Beides Mal verweist die Assoziation auf die Vermischung extremer Gefühle, Situationen und Deutungen.

Hier wird an einem Krisenpunkt offensichtlich, dass der religiöse und der sexuelle Erfahrungsbereich eine verleugnete und bekämpfte gegenseitige Nähe aufweisen, eine Nähe, die im Begriff der ‚Liebe‘ ihre Tagseite, im Begriff des Masochismus aber ihre Nachtseite präsentiert: denn Lust und Leid sind gleichermaßen religiöse wie sexuelle Phänomene.

„Leiden sei all mein Gewinst,
Leiden sei mein Gottesdienst“ –

so lautet der Text eines Heiligenbildchens, das Büchners *Woyzeck* in der Bibel seiner Mutter findet:

„Herr wie dein Leib war rot und wund,
So lass mein Herz sein aller Stund.“[116]

Die ersten beiden Zeilen auf dem Bildchen (mit einem „Heiligen, zwei Herze und schön Gold“[117]) haben deutlich die Funktion der Leidbewältigung. Das Leid eines armen Lebens – eines armen Frauenlebens – wird gedeutet und umgedeutet; es erscheint nicht mehr als destruktives, sondern als konstruktives Geschehen, nicht mehr als Verlust von Hoffnung, Zukunft, Glück, Gesundheit, Freude, sondern als „Gewinst“. Eine solche, durchaus übliche Form der Leidbewältigung ist zwiespältig: Sie mag eine konkrete und andauernde leidvolle Situation entschärfen, verhindert aber ganz entschieden deren Beendigung – denn jeder Gewinn an Nicht-Leid ist ein Verlust des eigentlichen, spirituellen Gewinns, in dem Leiden zum Gottesdienst wird.

Die beiden folgenden Zeilen gehen über den Vorschlag der Umdeutung des Leids hinaus. Hier wird das Leid selbst angestrebt, erfleht und für die Vervollkommnung für nötig erachtet, denn nur im Leiden geschieht die wahre *imitatio Christi* – die wahre Nachfolge. Leid und Erlösung werden hier unmittelbar verknüpft, denn durch die *imitatio* des Leibes Christi im roten und wunden Herzen der Gläubigen werden auch sie bereit für die Auferstehung.

Was hier in einer naiven Form der Frömmigkeitsgeschichte zum Ausdruck gebracht – und von Büchner in einen ganz und gar nicht naiven Kontext gestellt wird –, ist eine mögliche Konsequenz aus einer Form der Kreuzes- und Erlösungstheologie. Es ist eine Form der Kreuzestheologie, die sich auf das Kreuzesereignis als isolierte Tatsache konzentriert und durch das *Ereig-*

nis die *Geschichte* ersetzt, die zum Kreuz geführt hat. Das Kreuz als Paradigma des Leidens bringt dann eine Mystik des Leidens hervor, die eine Mystik der Nachfolge vereinnahmt: Leiden wird zur einzigen Form der Nachfolge.

An diesem theologischen Ort ist die christliche Märtyrertradition angesiedelt, die über weite Strecken der Kirchengeschichte eine Märtyrerspiritualität war und eine Spiritualisierung des Leidens in intensiver Weise ermöglichte. In dieser Spiritualisierung des Leidens gibt es im Laufe der Kirchengeschichte eine allmähliche Verschiebung: Die Haltung, das Leid um eines höheren Gutes willen zu akzeptieren, ist Teil einer Spiritualität der Nachfolge; diese Haltung wird allmählich überlagert von einer Haltung, die das Leiden selbst schon als höheres Gut akzeptiert. Sowohl in der mittelalterlichen Ikonographie als auch in der *Legenda aurea* des Jacobus de Voragine, der für seine Obsession mit Folter und Zerstückelung bekannt ist,[118] ist nicht das Leiden selbst, sondern dessen Abwesenheit und Umwandlung in Seligkeit der Kernpunkt der Geschichten.[119] Diese Beobachtung verweist auf eine weitere Verschiebung theologischer Leidbetrachtung, eine Verschiebung perspektivisch-zeitlicher Art: Je stärker das gegenwärtige Leid auf zukünftige Freude hindeutet, desto eher wird ein Lernprozess in Gang gesetzt, der die Erwartung der Freude – auch schon im Zustand tiefsten Leids – mit der Freude selbst gleichzusetzen vermag; schließlich wird das Leid selbst schon „all mein Gewinst".

Theodizee-Fragen

Warum aber überhaupt das Leid, wenn wir doch an einen guten, gnädigen und allmächtigen Gott glauben? Warum sind wir als einzelne Menschen und als Menschheit mit so vielem konfrontiert, das unser Glück beeinträchtigt oder zerstört? Warum

Krankheiten und Kriege, Liebesunglück und Naturkatastrophen? Wie lässt sich dabei noch von Gott reden?

Das Theodizee-Problem bildet den theologischen Untergrund der frömmigkeitsgeschichtlichen Phänomene, die nicht das glückliche, sondern das leidvolle Leben als Leben der Nachfolge Christi sehen.

Klassische Theodizee-Entwürfe mit ihrer Frage nach der Güte und Allmacht Gottes und dem Übel der Welt werden dabei zur Preis-Frage – zur Frage danach, wofür die Übel der Preis sind, den wir Menschen – oder andere Menschen – zu entrichten haben. Die Theodizee-Entwürfe im Umkreis der Augustinischen Tradition erklären das Übel als Preis der Freiheit[120]: Gott hat den Menschen als freien Menschen erschaffen, weil er von ihm aus freien Stücken geliebt werden möchte; so nimmt er in Kauf, dass sie sich auch gegen ihn entscheiden und dadurch das Übel in die Welt kommt. Die Theodizee-Entwürfe im Umkreis der Irenäischen Tradition deuten das Übel als Preis des Guten[121]: Gott hat den Menschen nicht als perfektes Wesen geschaffen, das immer und von vornherein gut ist, denn sonst wäre sein Gutsein nicht von Wert. Das Übel hat eine pädagogische Funktion: Es hilft dem Menschen, seelisch-moralisch zu reifen. Die Theodizeefrage zeigt sich so beides Mal als Preis-Frage, die mit der Voraussetzung einer stimmigen Gesamtkalkulation steht und fällt. Schon der Verdacht überhöhter Preise oder gar der, dass der Preis gezahlt wird, ohne dass – im Diesseits oder im Jenseits – ein entsprechender Gegenwert überhaupt vorhanden sei, lässt das System zusammenbrechen.

Die Vorstellung eines leidenden Gottes versucht, diesem Dilemma zu entgehen. Wenn Gott – auch – als Leidender und Mit-Leidender gedacht wird, dann verändert dieses Denken das theologische Sprechen. Ob es auch den Zustand derer, die leiden, verändert, bleibt ungewiss. Zwar rückt mit der Versicherung des Mit-Leidens Gottes das Solidaritäts-Thema in den Vordergrund:

Es ist unzweifelhaft ein Trost, im Leiden nicht allein zu sein; die Frage nach der tatsächlichen Beendigung dieses Leidens aber wird zum bloßen Hintergrund. Was diese Tröstung des Mit-Leidens unterlegt und unterwandert, ist die einfache Logik einer bestimmten Form der Kreuzestheologie: Gott leidet und Gott ist gut – also sind auch wir gut, wenn wir leiden. So mag der kleine Vers auf dem Heiligenbildchen in Woyzecks Bibel eine Wahrheit formulieren: die Wahrheit, dass Leidensbereitschaft tief in die christliche Identität eingeschrieben ist. Denn in der Hauptströmung christlicher Tradition werden nicht die sinnlichen Freuden – Sättigung, Wärme, Berührung – spiritualisiert, sondern deren Gegenteil: Hunger, Enthaltsamkeit, Einsamkeit. Wird Sadomasochismus nicht eingeschränkt auf sexuelle Praktiken, sondern definiert durch die eigentümliche Vermischung entgegengesetzter Gefühle, Situationen und Deutungen, so mag es über eine empörte Ablehnung hinaus nachdenklich stimmen, was zwei amerikanische Theologinnen, Beverly Harrison und Carter Heyward, formulieren: „Christen und Christinnen tragen die Narben sadomasochistischer Beziehungen."[122] Dabei trifft diese Einschreibung von Leiden und Leidensbereitschaft in die christliche Identität in hohem Maß auf Frauen zu, deren selbst-loses Leben für andere dadurch Stabilität bekommt. Über Jahrhunderte hinweg steht so das Bild einer Zisterziensernonne namens Agnes vor uns, von der berichtet wird, dass sie eine Stimme hörte, die ihr sagte: „Und lasse dir von niemandem die Tröstung verweigern, für mich zu leiden."[123]

Dennoch ist in dieser Frage des religiösen Masochismus große Vorsicht geboten: Nicht jedes im Glauben gut oder freiwillig ertragene Leid deutet schon auf Masochismus hin. Wo ertragenes Leid Kennzeichen der reifen Persönlichkeit und wo es Kennzeichen einer masochistischen Persönlichkeit ist, entscheidet sich letztlich allein am Verständnis von Würde und Wert des Menschseins. Ein Mensch, der sich selbst und anderen – und vor allem Gott – nur dann wert ist, wenn dieser Wert sich negativ äußert – in Leid, Strafe, Verlust und Versagen –, hat die Grundzüge einer masochistischen Persönlichkeit im religiösen Kontext. Leid wird dann nicht in die Persönlichkeit integriert, sondern wird zur Basis und Voraussetzung, ohne die die Person – in den eigenen Augen und den Augen Gottes – nicht *ist*. Eine lange Geschichte christlicher Leidensbetonung, verstärkt durch ein Verständnis von Erlösung, das sich auf Opfer und Schuld konzentriert, konnte menschliches Glück immer wieder bestenfalls als zwielichtig, schlimmstenfalls als sündhaft erscheinen lassen.

Leidvergessenheit als Glück?

Unsere heutige Situation ist eine besondere: Eine Frömmigkeits- und Theologiegeschichte der Leidbetonung trifft auf eine Kultur der Leidvergessenheit und Leidverdrängung.

Technologische Entwicklungen sind dabei, unser Bild vom Menschen radikal zu verändern. Während Maschinen immer intelligenter werden (und, so das dezidierte Forschungsziel, intelligenter werden sollen als Menschen), sollen Menschen durch biotechnologische Entwicklungen immer ‚besser' werden: weniger anfällig für Krankheiten, weniger sterblich, schneller, schöner, perfekter. Während Maschinen menschenähnlich werden, sollen Menschen wie Maschinen sein: Ein Mensch ist ein Mensch, wo und insoweit er nach dem Muster von Maschinen funktioniert, immer sich selbst gleich, zuverlässig, schnell, ästhetisch ansprechend; tauchen Probleme auf, sollten sie im Rahmen zügiger Reparaturen behebbar sein. Männer jedes Alters haben immer jünger, stärker, potenter, perfekt funktionierend zu sein; Frauen jedes Alters haben immer jünger, schöner, schlanker und perfekt funktionierend zu sein.

Dies ist ein gesellschaftliches Phänomen, an dem die Medizin und die Vorstellung von Gesundheit einen klaren Anteil hat. Dieser Anteil ist so stark, dass religiöse Phänomene in den Begriff der Gesundheit übergesprungen sind, so dass eine Form der ‚Gesundheitsreligion' entsteht: Die Heils-Anstrengungen, die vormals der Seele galten, haben sich nun auf den ‚guten', gesunden, funktionierenden Körper verlagert.

Medizin beschäftigt sich mit Leidverminderung. Die Gesundheitsreligion ist intensiv mit Leidvermeidung befasst.

Der vorbildliche Mensch der Gesundheitsreligion, der Heilige sozusagen, ist der perfekte Mensch, – nicht was seinen Lebenswandel und seine Moral betrifft, sondern was seinen Körper betrifft. Damit birgt diese Entwicklung Gefahren in sich; die größte ist die Gefahr, all die, die nicht perfekt sind und nicht perfekt funktionieren, zu missbilligen, sie als ‚abweichend' zu betrachten; oder, in der extremsten Variante, ihnen ihr Menschsein abzusprechen. Ein solcher Vorgang, der uns zunächst wie eine Geschichte aus grauer Vorzeit oder aus Gullivers Reisen anmutet, ist tatsächlich an der Tagesordnung – in den Diskussionen um Lebensanfang und Lebensende, und zwar häufig in der Rhetorik des Mitleids. Aussagen wie *Das kann doch kein Leben sein* oder *Das ist doch kein Leben mehr* haben immer wieder den Unterton von *Das wird doch kein Mensch* oder *Das ist doch kein Mensch mehr.* Tendenziell wird damit die Menschheit zu einem Club, dem man beitreten darf oder nicht und aus dem man auch wieder ausgeschlossen werden kann.[124] Tendenziell wird man zum Menschen ‚ernannt' – oder bleibt ein Noch-Nicht-Mensch oder ein Nicht-Mehr-Mensch.

Es gibt eine Fülle von Möglichkeiten, dass Menschen heute besser, länger, schmerzfreier und gesünder leben können als je zuvor. Zumindest viele und zumindest in unserem Kulturkreis. Zugleich wird uns das Leid der Welt frei Haus geliefert, in Ausmaßen, die sich kaum bewältigen lassen und die die Gegenreaktion des Wegsehens provozieren. Während wir noch am eigenen Leibe die Folgen einer leidverhafteten christlichen Frömmigkeitsgeschichte spüren, leben wir zugleich in einer Kultur, die sich bemüht, das Leid zu vergessen. Ernsthaft krank zu sein, zu trauern, schwach zu werden sind Zustände, die nicht ‚passen', für die unserer Kultur die Worte und die Orte fehlen und für die man sich eigentlich schämen sollte.

Leidvergessenheit aber ist kein Glück. Es gibt kein Glück des Wegschauens, kein Glück des Vermeidens, des Verurteilens oder des Beschämens. Glück macht lebendig. Das Vergessen und Vermeiden derjenigen, die unglücklich sind, macht stumpf.

Frei sein, mündig werden

Der Schritt von der religiösen Leidensbewältigung hin zur Hochschätzung des Leidens ist verknüpft mit einer klaren Aufteilung des Lebens in Herrschaft und Knechtschaft. In schwierigen und unübersichtlicher werdenden Lebenswelten zeigt sich diese Aufteilung als Bedürfnis nach Sicherheit, nach Einfachheit und Kindlichkeit, nach der Möglichkeit, den komplexen Lebensstrukturen zu entkommen.

Ein solches Bedürfnis ist verständlich – und es ist einfach, religiöse Strukturen genau auf diese Bedürfnisbefriedigung abzustimmen. Was dabei nicht übersehen werden darf: Solche Strukturen widersprechen dem genuin christlichen Selbstverständnis der Freisetzung: „Nicht mehr Knechte und Mägde nenne ich euch, denn Knechte und Mägde wissen nicht, was ihr Herr tut; euch aber habe ich Freunde genannt." (Joh 15, 15)

Hier ist ein radikal anderes christliches Selbstverständnis formuliert. Nicht diejenigen, die sich fraglos unterwerfen, die Leid suchen, um sich unterwerfen zu können, oder die anderen dieses

Leiden vorschreiben, sind diejenigen, die das Evangelium verkörpern. Das christliche Selbstverständnis ist erheblich anspruchsvoller: Es ist dadurch gekennzeichnet, dass das Frei- und Mündigwerden der Knechte und Mägde die Größe des Herrn nicht vermindert, sondern bestätigt. Eine religiöse Erotisierung von Herrschaft und Knechtschaft innerhalb des Christentums ist damit fehl am Platz. Das Christentum trägt in sich den Keim einer alternativen Theorie von Freiheit, Gleichheit und Würde.

Lange Zeit waren die Gottesbilder orientiert an dem, was dem patriarchalen Denken das Höchste zu sein schien: König, Feldherr, Sieger, Richter, Vater. In der Erkenntnis, dass dies nur Teilwahrheiten sein können, wurden sie dialektisch korrigiert – Gott erscheint dann als Knecht, Gefangener, Angeklagter, Elender, Mutter. Dialektik aber genügt nicht, um wahre Gegenseitigkeit zum Ausdruck zu bringen. Auch die Bilder mütterlicher und väterlicher Liebe Gottes zu den Menschen können nicht verabsolutiert werden: Gläubige Menschen sind nicht lebenslänglich Kinder, und die Aufgabe bleibt, eine erwachsene Beziehung zu Gott zu finden.[125]

In jeder erwachsenen Beziehung schließen sich Liebe und Unabhängigkeit nicht aus, sondern bedingen sich gegenseitig. Damit ist auch eine Grundwahrheit der theologischen Anthropologie formuliert: Die Erfahrung der Gottesbeziehung kann sich – wenn sie sich kritisch ihrer eigenen gespaltenen Geschichte stellt – als Freiheitserfahrung realisieren, und die Anerkennung des Menschen durch Gott, sein *Ich habe dich beim Namen gerufen*, kann die Grundlage gläubiger Selbstwerdung bilden. Liebe und Freiheit, Selbstsein und Für-andere-Sein, Beziehungsfähigkeit und Unabhängigkeit sind in dieser theologischen Perspektive nicht mehr nur nebeneinander geduldet und sich geduldig abwechselnd, sondern sie bedingen und befruchten sich gegenseitig.

Und das Glück? Das stellt sich wohl nicht automatisch ein. Wenn es aber gelingen könnte, *nicht* das tendenziell oder offen masochistische *Glück durch Unglück* als christliches Glück zu etablieren, dann werden drei Wege frei, die parallel verlaufen und immer wieder miteinander verwoben sind:

Der erste ist der individuelle und spirituelle Weg, der die Herrschafts- und Unterwerfungsstrukturen in den Nahbeziehungen – auch in der Selbstbeziehung – erkennt und die Balance von Autonomie und Anerkennung, den lebenslangen Seiltanzakt, wagt. Der zweite ist der Weg der Wahrnehmung und Beseitigung von Strukturen, die Herrschaft und Unterwerfung produzieren. Der dritte Weg ist derjenige, Leid und Unglück dort, wo es Menschen trifft und betrifft, nicht zu beschwichtigen und beschönigen, sondern dem Leid und dem Unglück eine Sprache zu geben; es nicht aus dem öffentlichen Leben zu verbannen und von den leidenden und unglücklichen Menschen zu verlangen, es sei jetzt gut und man möge doch wieder funktionieren. Auf keinem der drei Wege gibt es Platz dafür, dass Unglück sich als Glücksweg etablieren kann. Diese Wege umschreiben das, was die biblischen Schriften „Nächstenliebe" nennen.

Diese Wege der Nächstenliebe sind in der christlichen Tradition mit Tugenden markiert. Eine zentrale und merkwürdige von ihnen ist die Tugend des Maßes.

Die Tugend des Maßes

Die Tugend des Maßes, eine in der gesamten Antike hoch geschätzte Tugend, wurde in der christlichen Frömmigkeitsgeschichte zur Tugend des Verzichts – des Verzichts auf Lüste und Genüsse, auf Angenehmes und Erfreuliches, und hat so den kollektiven Charakter der Christinnen und Christen geprägt. Zugleich ist sie uns heute fremd geworden.

Eduard Mörike, 1804 geboren, war die Tugend des Maßes noch ein Gebet wert:

Herr! schicke was du willst
Ein Liebes oder Leides;
Ich bin vergnügt, dass beides
Aus Deinen Händen quillt.

Wollest mit Freuden
Und wollest mit Leiden
Mich nicht überschütten!
Doch in der Mitten
Liegt holdes Bescheiden.[126]

Eduard Mörike scheint sehr fern zu sein. In anderer Weise werden wir heute mit der Tugend des Maßes konfrontiert. In Zeiten allgemeiner Konsumorientierung und gleichzeitiger massiver Sparzwänge kommen der Aufruf zum Verzicht und die Besinnung auf die Tugend des Maßes wie von sehr weit her, sie klingen aktuell und dabei doch nicht wirklich überzeugend. Was also hat es mit der Tugend des Maßes auf sich?

Auch wenn in den Überflussgesellschaften nicht alle im Überfluss leben, gibt es doch mehr als ein Mensch verwenden kann, gebrauchen kann und manchmal auch mehr, als einem Menschen gut tut. So ist die Tugend des Maßes in einer Umgebung des Überflusses zuallererst und vordergründig verbunden mit Verzicht.

Nun sind Menschen geneigt, auf das zu verzichten, was ihnen nicht gut tut oder sowieso verboten ist – oder sie tendieren dazu, das, worauf sie verzichten müssen, auch für andere als schlecht und schädlich zu erklären. Der Verzicht, den eine Tugend des Maßes anstößt und einfordert, bezieht sich dagegen nicht auf etwas sowieso Verbotenes oder Schädliches – Verzicht bezieht sich auf das, was mir rechtmäßig und moralisch zusteht, was weder meiner Gesundheit noch meinem Ansehen schadet.

Verzicht, sagen die biblischen Schriften, ist weder dazu da, um uns gegen uns selbst und unser Glück zu verhärten, noch um uns dann besser, vollkommener und überlegen-glücklich fühlen zu können als all die anderen. Ein solcher Verzicht um des Verzichts willen wird in den biblischen Schriften nirgends verlangt. Der Verzicht, den die biblischen Schriften verlangen, zielt auf Verzicht der Reichen nicht zugunsten eines wohligen Gefühls, sondern zugunsten der Armen; Verzicht zielt auf Nächstenliebe und auf Gerechtigkeit, auf das Herstellen eines neuen und gerechteren Maßes in unserer Umgebung, unserer Gesellschaft, unserer Welt. Dies ist die wichtigste religiöse Dimension des Maß-Haltens und des Verzichts.

Gleichzeitig verändert eine solche Form des Maßes auch das persönliche Leben und Empfinden: Denn worunter die Überflussgesellschaft leidet, ist nicht ein Mangel an Gütern, sondern ein Mangel an anderen Dingen – ein Mangel an Zeit und ein Mangel an Wünschen. Bedürfnisse müssen sorgfältig aufgespürt werden, und wenn sie nicht gefunden werden können, gibt es immer noch das Werbefernsehen, das sagt, was man sich zu wünschen hat. Pier Paolo Pasolini hat davon gesprochen, dass es die Tragik unserer Zeit und Gesellschaft sei, dass wir unsere Wünsche nicht bis zu ihrer existentiellen Tiefe entwickeln können, weil sie schon vorher befriedigt werden, weil ein Wunsch, sobald er wie ein zartes Pflänzchen eine kleine Spitze durch unser Bewusstsein streckt, sofort befriedigt, und damit entfernt wird; er kann nicht wachsen, nicht reifen und nicht geprüft und geklärt werden. Die Tiefen unserer Wünsche werden nicht mehr ausgelotet, weil uns zu viele Möglichkeiten zu deren Befriedigung an der Oberfläche zur Verfügung stehen.

Die Tugend des Maßes also bedeutet zweierlei: Sie bedeutet den Verzicht auf das, was uns zusteht und uns nicht schadet, weil es nicht nur uns zusteht – Verzicht um der Gerechtigkeit willen; und sie bedeutet, unsere eigenen Wünsche wieder wahrnehmen zu lernen, ohne sie durch frühzeitige Befriedigung abzutöten.

Wollest mit Freuden / Und wollest mit Leiden
Mich nicht überschütten!
Doch in der Mitten!
Liegt holdes Bescheiden.

Eduard Mörikes Darstellung dieser Tugend, das „holde Bescheiden", das „in der Mitten" liegt, mag eine theologische und allgemein-menschliche Altersweisheit sein – die Erfahrung, dass großes Glück und großes Leid zu oft nah beisammen liegen und dass der Umschlag ins Negative in unserem Leben immer denkbar ist.

Wie stichhaltig aber ist Mörikes Rezept: sich in der Mitte halten, nicht das große Leid und dafür auch nicht das große Glück erbitten, statt dessen Mäßigkeit? Führt es auf den Pfad einer Tugend des Maßes – oder auf die gut ausgeschilderte Straße der Mittelmäßigkeit? Was würde geschehen, wenn alle so vernünftig wären und sich an Mörikes Maxime hielten?

Es gäbe keine großen Liebesromane, weder auf dem Papier, noch im wirklichen Leben; es gäbe keine Kinder; es gäbe keine großen Erfindungen und Entdeckungen; keine wagemutigen Weltveränderer; und hätte Gott selbst sich so verhalten, wie Mörike vorschlägt, gäbe es keine Schöpfung und keine Erlösungsgeschichte. Denn all diese Unternehmungen sind Unternehmungen, die das Mittel-Maß überschreiten, die ein Risiko in sich tragen, die Liebe und Leidenschaft erfordern, und die in dieser Liebe und Leidenschaft gefährdet sind. Gott selbst aber ist das Risiko der Schöpfung eingegangen.

Mörike ist hier guter Dichter und schlechter Theologe. Die Tugend des Maßes hat nichts mit Mittelmäßigkeit zu tun – sie bringt durchaus eine eigene Leidenschaft und damit eine eigene Maßlosigkeit hervor: Eine Leidenschaft für Gerechtigkeit – und eine Leidenschaft für die großen, wahren Wünsche in unserem Leben und deren Erfüllung. In diesem Sinn ist die Tugend des Maßes nicht nur mit der Tugend der Gerechtigkeit verschwistert, sondern auch noch mit einer anderen Tugend: der Tugend des Genusses. Denn die Tugend des Maßes hat nichts zu tun mit Kleinlichkeit, nichts mit Knauserigkeit und nichts mit zuviel selbstbewusster Tugendhaftigkeit. Die Tugend des Maßes verweist vielmehr auf die Verheißung Gottes, die nicht nur das Leben, sondern das Leben in Fülle verspricht.

Im Lukas-Evangelium wird das Maß, das die Fülle des Lebens in sich trägt, das auf die maßlose Liebe Gottes verweist, nicht kleinlich und knauserig, sondern poetisch und überschwänglich beschrieben:

„Gebt, dann wird auch euch gegeben werden," heißt es da: „in reichem, vollem, gehäuftem, überfließendem Maß wird man euch beschenken." (Lk 6, 38)

Eine christliche Glücksbotschaft?

Nicht nur philosophische, auch unterschiedliche theologische Traditionen haben immer wieder das Glück ausgebürgert; es ist eine radikale Ausbürgerung – nicht nur in ein anderes Land, eine andere Sphäre des Daseins, sondern eine Ausbürgerung aus der Welt. Die Vulgata übersetzt *makarios* mit *beatus / beatitudo*. Bei Augustinus ist *beatitudo* synonym mit *felicitas*: Glück und Seligkeit fallen zusammen – mit problematischer Konsequenz.

Seit Augustinus ist die Seligkeit eine radikal zukünftige. Im Zuge der Aufnahme griechischer Philosophie und vor allem der Vorstellung des Glücks als philosophische Kontemplation wird

Glück gedacht als die gnadengeschenkte Gottesschau nach diesem Leben. Es ist ewige Kontemplation und ewiger Lobgesang. „Oh, was kostet es nicht zu leben, auf dieser Erde der Bitterkeit und Angst zu verharren" – Thérèse von Lisieux, die 1897 24-jährig stirbt: „aber morgen, in einer Stunde, werden wir im Hafen sein, welches Glück! O wie gut wird es sein, Jesus von Angesicht zu Angesicht zu sehen, und das in alle Ewigkeit! Immer, immer mehr Liebe, immer größere Trunkenheit vor Freude. Wolkenloses Glück (bonheur sans nuage)".

Wem daran gelegen ist, die christliche Botschaft nicht als Antiquität zu behandeln, die an höheren Feiertagen sorgsam abgestaubt und dann bewundert wird, sondern als Lebensweg, der steht hier vor Problemen: Mit Recht hat die Religionskritik des 19. Jahrhunderts im Glück des Christentums nicht Trost, sondern vor allem Vertröstung gefunden. Genau dieses „wolkenlose", reine, jenseitige Glück hat nun, in einer eigentümlichen Säkularisierungsverschiebung und einem eigentümlichen Gestaltwandel, Einzug gehalten in das Glück der Werbe- und Mediengesellschaft. Das ins Jenseits verlagerte Glück – sei es das Jenseits des christlichen Himmels oder das ‚Jenseits' des endlich perfekten Körpers – produziert massives Unglück. Es ist ein Unglück, dem das Christentum als Heilsbotschaft, nimmt es sich selbst ernst, widersprechen muss. Dieser Widerspruch hat eine klare biblisch-theologische Basis: die Seligpreisungen, die Heilungsgeschichten und die theologische Reflexion des Begriffs der Seligkeit.

Es gibt ein Grundsatzprogramm des Glücks in den biblischen Schriften: die *Seligpreisungen*.

Dieser berühmteste Text des Neuen Testaments spricht von Glück, und wir haben uns so daran gewöhnt, dass wir es kaum noch wahrnehmen.

Die Seligpreisungen sind kein Tonbandmitschnitt einer jesuanischen Predigt, sondern stehen am Ende einer langen

Überlieferung. Der ‚Kern' dieser Predigt sind wohl die folgenden drei Aus- und Zusagen:

Selig sind die Armen,
denn ihnen gehört das Himmelreich.
Selig sind die Hungernden,
denn sie werden gesättigt werden.
Selig sind die Trauernden,
denn sie werden getröstet werden.

Die Seligpreisungen haben eine lange und vielstimmige Auslegungsgeschichte, die vom radikalen Wörtlichnehmen (Täufergemeinden) über radikale Ablehnung (Karl Marx) bis zu halben Kompromissen reicht, die besagen, dass das alles ja gut und schön sei und für mich privat, aber nicht für die Politik gelte; oder: dass dies ja vielleicht für die Gemeinde, die Kirche, aber nicht für die Welt gelte.

Der Sprechakt dieses biblischen Grundsatztextes ist häufig missverstanden worden: Die Bergpredigt ist keine Aneinanderreihung moralischer Regeln, kein „Du sollst", sondern eine Zuspitzung endzeitlicher Zusagen. Der Adressatenkreis ist die frühe Gemeinde; es sind die Armen und Verfolgten, die ersten, die sich möglicherweise auf ein Martyrium gefasst machen müssen. Dieser Text enthält keine Zweckrationalisierung des Leidens – etwa als Aufforderung: *Du sollst dich verfolgen lassen, damit du später selig wird.* Der Text ist eine Zusage. Was zugesagt wird, ist die Umkehr der gängigen Weltordnung, in der die Reichen, Satten, Mächtigen als glücklich gelten, verbunden mit der Aufgabe, diese Zusage – im Sinn des jetzt schon hereinbrechenden Reich Gottes – möglich zu machen. Unsere Weltordnung ist nicht die einzige Weltordnung – dies ist die Botschaft der Seligpreisungen. Die Verlierer sind nicht die endgültigen Verlierer; jemand kennt die Not, deutet sie nicht um *(Eigentlich kannst du froh sein, so schlimm ist es ja nicht …),* sondern erkennt sie in ihrer Negativität an und will sie beseitigen.

Ein anderer biblischer Ort hilft uns beim Nachdenken über die Frage des Glücks: die *Heilungsgeschichten* des Neuen Testaments. In den Handlungen und Hilferufen der Blinden und Lahmen, der Blutflüssigen und von Dämonen Besessenen erreichen uns über die Jahrtausende hinweg vertraute Stimmen, die sagen: *Ich will nicht leiden, sondern glücklich sein.*

Stellen wir uns zur Probe einen Jesus in der platonischen Tradition vor: Das Glücklichsein ist völlig unabhängig von deinem körperlichen Zustand, könnte der sagen: Sei ein moralisch guter Mensch, dann wirst du auch glücklich sein.

Ein Jesus, der gründlich Kant gelesen hätte, würde mit leise tadelnder Stimme erklären, dass nicht das Glück die Grundlage von Handlungen sein dürfe, sondern allein die Pflicht. Man möge doch nicht seine Handlungen danach ausrichten, etwa nicht mehr leiden oder glücklich sein zu wollen.

Ein Jesus, wie ihn die Frömmigkeitsgeschichte immer wieder gezeichnet hat, hätte ermutigend geäußert: Je mehr du hier in dieser Welt leidest, desto größer wird dein Lohn im Himmel – also freu dich über dein Leid.

Der Jesus der Evangelien tut dies alles nicht. Er sagt auch nicht: Diese Welt ist endlich, korrupt, unvollkommen. Komm in mein Reich, dann bist du deinen lästigen Körper los, und du kannst ewig glücklich sein.

Jesus heilt. *Ich mache dich ganz, ich mache dich gesund,* so könnten wir ihn hören. *Ich mache dich nicht übermenschlich oder perfekt, nicht unsterblich, nicht vollkommen, sondern so, dass du dein begrenztes, vergehendes Leben in Kraft und Genuss leben kannst.*

Was Menschen immer verstört hat, dass die Geheilten ja vielleicht wieder erkranken und sicher sterben, bekommt in diesem Kontext eine eigene Qualität: Hier werden Glück und Seligkeit nicht vermischt. Glück ist das irdische, gefährdete, unvollkommene, sterbliche Glück.

Seligkeit ist deutlich davon unterschieden. Es gibt in der Theologiegeschichte Bibliotheken voller Spekulation darüber, wie, wo und unter welchen Bedingungen Seligkeit erreicht werden kann. Dies alles ist in der Regel wenig hilfreich. Stattdessen können wir anerkennen, dass Seligkeit eine Chiffre ist – die Chiffre dafür, dass der Horizont unseres Glücksverlangens ein unendlicher ist und dass in unserem Glücksverlangen die Offenheit des Menschen für Transzendenz spürbar wird. Das Glück – auch und gerade das Glück des Christentums – ist ein unvollkommenes, sterbliches, gefährdetes Glück, das in seiner ganzen Zerbrechlichkeit ein mächtiger Gegenpart gegen alte und neue Formen des Masochismus ist.

Noch einmal: Glück im Glauben?

Der katholische Kalender kennt zwei Sonntage, die ausdrücklich zur Freude aufrufen: *Gaudete!* – freut euch – und *Laetare!* – freue dich –. Der Gaudete-Sonntag ist der dritte Advent, der Laetare-Sonntag der mittlere Sonntag der Fastenzeit, beides also Freuden-Tage in Zeiten, die im traditionellen Frömmigkeitsleben eher mit Fasten und Buße zu tun haben. Warum also die Freude an diesen Orten und in diesen Zeiten? Die einfachste Erklärung wäre die Vor-Freude auf die beiden großen Feste, die näher kommen. Darüber hinaus aber wird etwas anderes deutlich:

Auch die Zeiten, die dezidiert nicht-festlich sind, Zeiten der Kargheit, des Alltäglichen, sind punktiert und unterbrochen vom Aufruf zur Freude und zum Glück. Das Denken und Erleben ist nicht linear: erst Fasten, dann Rebhuhn; erst Buße, dann

Freude; erst Alltag, dann Fest; erst Unglück, dann Glück. Das Denken und Erleben ist vielschichtig. Mitten in der kargsten Zeit wird ein Freudenzeichen gesetzt, weil die Zusage Gottes, völlig ohne Vorleistung, schon da ist.

In unserer eindimensional gewordenen Welt, in der Werktage und Sonntage, Festtage und Alltagstage, Jahreszeiten und Lebensphasen zunehmend weniger unterscheidbar werden, liegt vielleicht gerade hier ein Glück: im bewussten Zulassen einer Mehrdimensionalität der Erfahrung, die das Glück an unwahrscheinlichen Orten durchbrechen lässt.

Schluss

„‚Jeder ist heutzutage glücklich.' ‚Ja, jeder ist heutzutage glücklich ...'".[127]

Dies ist der Zustand, in dem sich die Menschen befinden – allerdings nur im Roman. Die *Schöne neue Welt,* die Aldous Huxley 1932 entworfen hat, liegt weit in unserer Vergangenheit und kommt immer noch als Zukunft auf uns zu.

Dass jeder heutzutage glücklich ist, hat innerhalb des Romans zwei Gründe.

Zum einen waren den Menschen „diese Worte ... zwölf Jahre lang allnächtlich hundertfünfzigmal wiederholt worden" (86). Zum anderen gibt es eine bestimmte Forschungspolitik:

„Zweitausend Pharmakologen und Biochemiker erhielten einhundertachtundsiebzig nach Ford Forschungsmittel aus öffentlichen Geldern ... Sechs Jahre später wurde das ideale Rauschmittel bereits fabrikmäßig hergestellt ... Euphorisierend, narkotisierend, angenehme Halluzinationen weckend ... Alle Vorzüge des Christentums und des Alkohols, ohne deren Nachteile." (66f)

Und das Ergebnis:

„Zum Mokkain wurde Soma serviert. Lenina nahm zwei Halbgrammtabletten, Henry drei ... Sie waren in eine andere Welt entrückt, in die durchglühte, farbenfrohe, unendlich freundliche Welt des Somarausches. Wie nett, wie schön und hinreißend unterhaltsam alle Menschen zu sein schienen!" (86f)

Gibt es „Soma" inzwischen?

Auf diese Frage mögen Biochemiker unterschiedliche Antworten geben.

Sicher ist, dass große Fortschritte im Verständnis der neuronalen und hormonellen Zusammenhänge im Gehirn es ermöglichen, Glückszustände zu ‚sehen' und zu messen. Es gibt neue Gruppen von Medikamenten gegen Depressionen – Serotonin-Wiederaufnahmehemmer –, die neue Möglichkeiten einer Behandlung schwerer Depressionen ermöglichen, die Türen aus der Gefangenschaft der Depression eröffnen. Zugleich hat sich eine „Positive Psychologie" etabliert, die sich mit den Stärken und den positiven Emotionen von Menschen befasst und sich als Gegenentwurf zur Konzentration auf Störungen, Depressionen und Abhängigkeit der klassischen Psychologie versteht.[128]

Ist das Glück also die richtige, die stimmende Chemie?

Vieles scheint dafür zu sprechen. Beispielsweise die Tatsache, dass die Selbsteinschätzung auf einer Skala des Glücklichseins in Laufe des Lebens eine gewisse Stabilität aufweist; Zwillingsstudien scheinen dies zu bestätigen.

Brauchen wir also nur noch die richtige Pille, die den Serotonin-Haushalt unseres Körpers auf Dauer in Ordnung bringt und „alle Vorzüge des Christentums und des Alkohols, ohne deren Nachteile" hat?

Das Wissen um die körperlichen Zusammenhänge der Gefühle ist wichtig. Zugleich aber ist Glück – Glück als *eudaimonia*, als Lebensfülle und Sinnerfahrung – nicht unabhängig von, aber zugleich mehr als eine chemische Formel; es ist ein kulturelles, vielleicht auch ein moralisches Phänomen.

Heute werden die Grenzen zwischen Krankheit und Gesundheit fließend. Das gilt für vorwiegend körperliche Krankheiten – dort, wo Alterungsprozesse als krankhaft gelten, dort, wo Gesundheit lediglich heißt, noch nicht ausreichend untersucht worden zu sein. Das gilt auch für vorwiegend psychische Krankheiten: Ab wann ist die Trauer um einen geliebten Menschen nicht mehr ein Zeichen tiefer Verbundenheit und früheren Glücks, sondern eine Krankheit?

Dort, wo Medikamente an die Stelle eines Entwicklungswegs treten, wo die Tiefen vermieden und nicht ausgelotet werden sollen, dort entsteht ein kleines unschönes Stück „schöner neuer Welt". Dort wäre, nach einer Formulierung Günther Biens, glücklich derjenige, in dessen Seele andauernd Kirmes ist. Oder mit Aldous Huxley, der die – hoffnungslose – Gegenperspektive in seinem Text zu Wort kommen lässt:

„‚Was euch Not tut', sagte der Wilde, ‚ist etwas mit Tränen. Zur Abwechslung. Bei euch kostet nichts genug.'" (235)

Was also macht glücklich?

Lieben und arbeiten zu können.

Dies ist die einfachste Antwort; Sigmund Freud hat sie gegeben.

Hier wird vieles weggelassen von dem, was uns als Glück erscheint. Zugleich wird vieles damit indirekt genannt: gelingende Beziehungen zwischen Menschen und ein Kontext, der eine Tätigkeit und ein Auskommen erlaubt und geschützt ist von den unmittelbaren Bedrohungen eines Krieges oder einer Hungersnot.

Martin Seel hat die Tätigkeiten des Liebens und Arbeitens weiter ausdifferenziert. Er schlägt vor, nicht Leidensfreiheit oder Wunscherfüllung als Glückskriterien aufzustellen, sondern ein Zusammenspiel von vier Faktoren:

gelingende Arbeit – aber nicht nur
gelingende Begegnung – aber nicht nur
gelingendes Spiel – aber nicht nur
gelingende Betrachtung – aber nicht nur[129]

Voraussetzung für ein solches Zusammenspiel ist, dass weder jede Lustempfindung angstbesetzt abgewehrt wird, noch jede Tätigkeit zur Bestätigung der eigenen Größe gebraucht wird und keinen Wert in sich hat. Die Balance zu halten zwischen Arbeit, Spiel, Begegnung und Betrachtung ist eine lebenslange Aufgabe.

Und was macht unglücklich?

Verluste, Angst vor Verlusten, vor allem: Angst – Angst und Neid.

Neid ist das ständige Vergleichen des eigenen Lebens, des eigenen Besitzes, des eigenen Werts mit anderen. Neid macht nicht deshalb unglücklich, weil es immer andere gibt, die sind, was wir sein sollten oder haben, was wir haben möchten. Neid macht unglücklich, weil er das Selbstwertgefühl zerstört.

Angst haben Menschen vor vielem. Es ist die große, die existentielle Angst, die unglücklich macht, allen voran die Angst, nicht in Würde überleben zu können.

Geld macht offensichtlich nicht nachhaltig glücklich. Forscher beschreiben einen Anstieg des Wohlgefühls bei Gehaltserhöhungen oder Lottogewinnen, das sich aber relativ kurze Zeit später wieder auf das Ausgangsmaß einpendelt. In den reichen Nationen ist der Zuwachs an Geld – in Form von Kaufkraft – in den letzten fünfzig Jahren enorm gewesen; das Glücksgefühl ist dabei gleich geblieben oder leicht rückläufig.[130] Hier scheint nicht das Geld über das Glück zu entscheiden, sondern eher der Wert, den ihm Menschen beimessen. Wo aber Armut herrscht, trägt ein Zuwachs an materiellem Besitz zum Glück bei. Hier ist Geld die Möglichkeit, Angst zu vertreiben oder einzudämmen: die Angst, nicht in Würde überleben zu können.

Jenseits dieser großen, grundlegenden Angst, die die Menschheit spaltet, haben alle Menschen, deutlicher oder undeutlicher, eine Vielzahl von Ängsten: Angst vor politischer und wirtschaftlicher Unsicherheit, Angst um die Welt, Angst um sich selbst, Angst um andere.

Und hier ist sie wieder, die Sorge, die sich – bei Goethes *Faust* – um Mitternacht „durchs Schlüsselloch [ein]schleicht".

Betrachtet man sie beim hellen Licht des Tages, so zeigt sich, dass die Sorge in der deutschen Sprache eine Doppelgestalt ist. Es gibt die Sorge *um andere und um uns selbst*; es gibt aber genauso die Sorge *für andere und für uns selbst*. Beide Formen der Sorge hängen zusammen: *Um* wen (oder was) wir uns sorgen, *für* den (oder das) werden wir auch sorgen. Diejenigen, *für* die wir sorgen, *um* die sorgen wir uns auch.

Was also haben das Glück und die Sorge miteinander zu tun?

Das Glück und die Sorge sind Geschwister, durchaus unterschiedlich, manchmal lautstark zerstritten, aber mit einem starken Band der Zusammengehörigkeit. Das Glück beharrt – mit Recht – auf den sorglosen Augenblicken. Die Sorge beharrt – mit Recht – auf dem Ernst der Lage. Und doch gehören sie zusammen.

Die Sorge verankert uns in der Welt, in den Dingen und Tätigkeiten, an den Orten und mit den Menschen, die uns wichtig sind, für die wir sorgen und um die wir uns sorgen. Glück ist das manchmal untergründige, manchmal „lichterlohe" Bewusstsein, dass es für uns diese Orte und Tätigkeiten, diese Dinge und Menschen gibt.

Die Sorge markiert den Ernst des Lebens: Leben kann misslingen. Menschen sind fehlbar, endlich, sterblich. Das Glück ist nicht jenseits dieser Sorge und jenseits dieses Ernstes. Das Glück ist Glück im Ernst des Lebens.

Wer Glück kennt, hat nicht eine Sorge weniger. Wer Glück

kennt, macht die Erfahrung, dass die Sorge selbst zum Ort des Glücks werden kann. Es ist ein Ort der Verwandlungen: Sorge wird zur glückenden Sorge und Glück zum für-sorgenden Glück.

Anmerkungen

[1] Sören Kierkegaard: Diapsalmata. Entweder-Oder (1843), hrsg. v. Hermann Diem und Walter Rest, München ^{2}1978, S. 32.

[2] Vgl. im Folgenden Ricarda Winterswyl: Das Glück. Eine Spurensuche, München 1995, S. 9.

[3] Vgl. dazu Martin Seel: Versuch über die Form des Glücks. Studien zur Ethik, Frankfurt/Main 1995.

[4] Vgl. z. B. Winterswyl 1995, S. 13. Günther Bien: Glück – was ist das? Frankfurt/M. 1999, S. 19ff.

[5] Blaise Pascal: Gedanken. Übertragen v. Wolfgang Rüttenauer, Bremen ^{6}1964, S. 72f (Nr. 178: „Zerstreuung").

[6] Homer: Ilias. In der Übertragung von Johann Heinrich Voß (1793), München ^{5}1988, XXIV. Gesang, V. 512, S. 430.

[7] Ebd., XXIV. Gesang, V. 525f.

[8] In: Helmut Gollwitzer u. a. (Hrsg.): Du hast mich heimgesucht bei Nacht. Abschiedsbriefe und Aufzeichnungen des Widerstandes 1933–1945, Gütersloh ^{8}1994, S. 146.

[9] Reden des Buddha, hrsg. v. Helmut von Glasenapp, Stuttgart 1957.

[10] Heinrich v. Kleist: Aufsatz, den sichern Weg des Glücks zu finden und ungestört – auch unter den grössten Drangsalen des Lebens – ihn zu geniessen! In: Sämtliche Werke und Briefe 2, hrsg. v. Heinrich Sembdner, München ^{6}1977, S. 301–315; S. 306.

[11] Zit. nach Robert Spaemann: Philosophie als Lehre vom glücklichen Leben. In: Günter Bien (Hrsg.): Die Frage nach dem Glück, Stuttgart 1978, S. 1–19; S. 8.

[12] Vgl. Wilhelm Weischedel: Die philosophische Hintertreppe, München ^{4}1974, S. 220.

[13] Immanuel Kant: Kritik der praktischen Vernunft. Werke, hrsg. v. Wilhelm Weischedel Bd. VII, Wiesbaden 1956, S. 240 (A 201). Vgl. Martin Seel: Versuch über die Form des Glücks. Studien zur Ethik, Frankfurt/M. 1995, S. 20.

[14] Immanuel Kant: Kritik der praktischen Vernunft, S. 212 (A158).

[15] Ders.: Metaphysik der Sitten. Werke, hrsg. v. Wilhelm Weischedel Bd. VIII, Wiesbaden 1956, S. 506 (A IX).

[16] Ders.: Kritik der praktischen Vernunft, S. 217 (A 167).
[17] Thomas Paul Quinn: Heinrich von Kleist und die Frage nach Gott, Ann Arbour 1986, S. 190.
[18] Immanuel Kant: Kritik der praktischen Vernunft, S. 217 (A 166f)).
[19] Vgl. Ludwig Marcuse: Die Philosophie des Glücks. Von Hiob bis Freud, Zürich 1949, S. 122f.
[20] Martin Seel: Versuch über die Form des Glücks. Studien zur Ethik, Frankfurt/Main 1995.
[21] Ebd. S. 45.
[22] Wilhelm Weischedel: Die philosophische Hintertreppe, München ^{4}1974, S. 60.
[23] Aristoteles: Über die Glieder der Geschöpfe, hrsg. und erläutert von Paul Gohlke (Lehrschriften Bd. 14), Paderborn 1959, S. 42.
[24] Martha Nussbaum: The Fragility of Goodness. Luck and Ethics in Greek Tragedy and Philosophy, Cambridge 1986, S. 6 (Fn.)
[25] Zit. n. Dolf Sternberger: Das Menschenrecht nach Glück zu streben. In: Ich wünschte ein Bürger zu sein! Neun Versuche über den Staat, Frankfurt/M. ^{2}1970, S. 147.
[26] Homer: Odysseus. In der Übertragung von Johann Heinrich Voß (1781), München ^{5}1988, V. Gesang, V. 204–213, S. 507f.
[27] Ebd., V. Gesang, V. 214-222, S. 508.
[28] Ebd. V. Gesang, V. 226f.
[29] Ebd. XXIII. Gesang, V. 299-308, S. 758.
[30] Blaise Pascal: Gedanken, Übertragen v. Wolfgang Rüttenauer, Bremen ^{6}1964, S. 72 (Nr. 178: „Zerstreuung").
[31] Marie-Luise Kaschnitz: Steht noch dahin, Frankfurt/M. 1985, S. 76.
[32] Johann Wolfgang von Goethe: West-Östlicher Divan. In: Werke. Hamburger Ausgabe Bd. 2, München 1972, S. 71.
[33] Theodor Fontane: Effi Briest, Frankfurt/M. / Berlin / Wien, ^{2}1977, S. 8.
[34] Ebd. S. 292.
[35] Ulrich Beck / Elisabeth Beck-Gernsheim: Das ganz normale Chaos der Liebe, Frankfurt/M. 1990, S. 13.
[36] Franz Kafka: Hochzeitsvorbereitungen auf dem Lande und andere Prosa aus dem Nachlass, hrsg. v. Max Brod, Frankfurt/M. 1980, S. 54.
[37] Gerhard Schulze: Erlebnisgesellschaft. Kultursoziologie der Gegenwart, Frankfurt/M. 1992.
[38] Ebd. S. 313.
[39] Ricarda Winterswyl: Glück. Eine Spurensuche, München 1995, S. 203.
[40] Gerhard Schulze: Was wird aus der Erlebnisgesellschaft? In: Bundes-

zentrale für politische Bildung. Aus Politik und Zeitgeschichte (B 12/2000). http://bpb.de/publikationen/L0749F.html

[41] Oscar Wilde: Der Schüler. In: Ursula Orlowsky/Rebekka Orlowsky: Narziss und Narzissmus im Spiegel von Literatur, Bildender Kunst und Psychoanalyse. Vom Mythos zur leeren Selbstinszenierung, München 1992, S. 323.

[42] Otto Kernberg: Borderline-Störungen und pathologischer Narzissmus, Frankfurt/M. 1980, S. 262f.

[43] Christopher Lasch: Das Zeitalter des Narzissmus, Hamburg 1995, S. 70f.

[44] Gruneberger zit. nach Arno Gruen: Der Verlust des Mitgefühls. Über die Politik der Gleichgültigkeit, München 1977, S. 114.

[45] Christopher Lasch: Zeitalter des Narzissmus, Hamburg 1995, S. 84.

[46] Wilfried Gottschalch: Narziss und Ödipus. Anwendungen der Narzissmustheorie auf soziale Konflikte, Heidelberg 1988, S. 96. Vgl. Béla Grunberger: Narziss und Ödipus. Eine Kontroverse. In: Ders.: Narziss und Anubis Bd. 2, a.a.O., S. 139-156.

[47] Ranke-Graves erwähnt andere überlieferte Fortläufe der Geschichte, in denen Ödipus von Kreon vertrieben wird oder, von Erinnyen gequält, in Theben verbleibt. Robert von Ranke-Graves: Griechische Mythologie. Quellen und Deutung, Bd. 2, Reinbek b. Hamburg 1982, S. 11.

[48] Sigmund Freud: Das ökonomische Problem des Masochismus. In: Ders.: Psychologie des Unbewussten. Studienausgabe Bd. III, Frankfurt/M. 1975, S. 339-354, S. 351.

[49] Jessica Benjamin hat auf die selektive Verwendung des Ödipus-Mythos durch Freud aufmerksam gemacht. Vgl. Jessica Benjamin: Die Fesseln der Liebe. Psychoanalyse, Feminismus und das Problem der Macht, Frankfurt/M. 1993, S. 131ff.

[50] Vgl. Robert von Ranke-Graves: Griechische Mythologie. Quellen und Deutung, Bd. 2, Reinbek b. Hamburg 1982, S. 7ff.

[51] Jessica Benjamin: Herrschaft – Knechtschaft: Die Phantasie von der erotischen Unterwerfung. In: Elisabeth List / Herlinde Studer (Hrsg.): Denkverhältnisse. Feminismus und Kritik, Frankfurt/M. 1989, S. 511–538; S. 530.

[52] Vgl. Jessica Benjamin: Die Fesseln der Liebe: Psychoanalyse, Feminismus und das Problem der Macht, Frankfurt/M. 1993, S. 25.

[53] Ernst von Salomon: Die Kadetten, Berlin 1933. Vgl. dazu Klaus Theweleit: Männerphantasien Bd. 2: Männerkörper . Zur Psychoanalyse des weißen Terrors, Reinbek b. Hamburg 1987, v. a. das Kapitel „Sexualität und Drill“, S. 144–175.

[54] Klaus Theweleit, Männerphantasien Bd. 2, S. 151.

[55] Ebd. S. 147.
[56] Ernst v. Salomon: Die Kadetten, S. 63f.
[57] Ebd. S. 64; 69.
[58] Vgl. dazu Klaus Theweleit: Männliche Geburtsweisen. Der männliche Körper als Institutionenkörper. In: Ders.: Das Land, das Ausland heißt, München 1995, S. 40-70.
[59] Ebd.
[60] Eines der jüngeren dieser Modelle ist beispielsweise Peter Sloterdijks Szenario von der „Geburt des Menschen aus dem Geist des Gegenangriffs". In: DIE ZEIT, 30. April 1993; vgl. Klaus Theweleit: Männliche Geburtsweisen S. 45.
[61] Klaus Theweleit: Männliche Geburtsweisen, S. 43.
[62] Ebd.
[63] Vgl. Richard Rohr: Der wilde Mann. Geistliche Reden zur Männerbefreiung, München [8]1988; Robert Bly: Eisenhans. Ein Buch über Männer, München 1993.
[64] Hans Christian Andersen: Die kleine Meerjungfrau. In: Ders.: Sämtliche Märchen in zwei Bänden, hrsg. v. Erling Nielsen, Bd. 1, Darmstadt 1980, S. 81–107.
[65] Alain de Botton: Statusangst, Frankfurt/Main 2004.
[66] Vgl. ebd. S. 75f.
[67] Richard Shusterman: Die Sorge um den Körper in der heutigen Kultur In: Andreas Kuhlmann (Hrsg.): Philosophische Ansichten der Kultur der Moderne, Frankfurt/M. 1995, S. 241–277; 242.
[68] Hélène Orenga in: Glück – Gerechtigkeit. Gespräche über zwei Hauptworte, hrsg. v. Alexander Mitscherlich und Gert Kalow, München 1976, S. 12. Vgl. dazu auch Günther Bien: Glück – was ist das?, S. 41ff.
[69] Jean Améry: Idealismus, Engagement und Verzicht. In: Günther Bien (Hrsg.): Die Frage nach dem Glück, Stuttgart 1978.
[70] Martin E. P.Seligman: Authentic Happiness, New York 2002, S.9.
[71] Johann Wolfgang von Goethe: Willkommen und Abschied. Spätere Fassung. In: Werke, Hamburger Ausgabe Bd. 1, Hamburg [9]1969, S. 28f.
[72] Philippe Ariès: Liebe in der Ehe. In: Philippe Ariès, André Béjin, Michel Foucault u. a.: Die Masken des Begehrens und die Metamorphosen der Sinnlichkeit. Zur Geschichte der Sexualität im Abendland, Frankfurt/M. 1986, S. 165–175; S. 171.
[73] Georges Duby: Die Frau ohne Stimme. Liebe und Ehe im Mittelalter, Frankfurt/M. 1993, S. 33.
[74] Ebd. S. 37.
[75] Ebd.
[76] Ebd. S. 39.

[77] Ebd. S. 40f.
[78] Ebd. S. 42.
[79] Ebd. S. 43.
[80] Martin von Cochem: Goldener Himmel-Schlüssel, oder sehr kräftiges, nützliches und trostreiches Gebet-Buch zur Erlösung der lieben Seelen des Feg-Feuers … Zum besonderen Gebrauch des andächtigen Weiber-Geschlechts, Augsburg 1804, S. 557f. Zit. nach Georg Denzler: Die Verbotene Lust. 2000 Jahre christliche Sexualmoral, München/Zürich 1991, S. 80.
[81] Frank Früchtel / Christian Stahl: Das starke Geschlecht. Wie Männer heute Liebe machen, Frankfurt/M. 1996, S. 36.
[82] Ludwig Tieck: Des Lebens Überfluss. Novelle, Stuttgart 1968.
[83] Ebd. S. 15.
[84] Ebd. S. 50.
[85] Ulrich Beck / Elisabeth Beck-Gernsheim: Das ganz normale Chaos der Liebe, Frankfurt/M. 1990, S. 184.
[86] Ebd. S. 27.
[87] Ebd. S. 231.
[88] Vgl. dazu im folgenden Karl Gabriel: Woran noch glauben? Orientierungssuche zwischen Erlebnisgesellschaft und Rückkehr der Klassen. In: Gotthard Fuchs (Hrsg.): „… in ihren Armen das Gewicht der Welt" – Mystik und Verantwortung: Madeleine Delbrêl, Frankfurt/M. 1995, S. 63-87.
[89] Ebd. S. 71.
[90] Zit. nach Frank Früchtel / Christian Stahl: Das starke Geschlecht, S. 48.
[91] Ebd. S.52. Vgl. Ernst Bornemann: Sexuelle Marktwirtschaft. Vom Waren- und Geschlechtsverkehr in der bürgerlichen Gesellschaft, Frankfurt/M. 1994.
[92] Gottfried von Straßburg, Anfang 13. Jhdt. Zit. nach Dietmar Mieth: Das gläserne Glück der Liebe, Freiburg 1992, S. 55.
[93] Peter Handke: Kindergeschichte, Frankfurt/M. 1981, S. 137.
[94] Ebd. S. 137.
[95] Ebd. S. 85.
[96] Ebd. S. 63.
[97] Elisabeth Beck-Gernsheim: Von der Liebe zur Beziehung? In: Beck / Beck Gernsheim: Das ganz normale Chaos der Liebe, S. 65–104; S. 99.
[98] Peter Handke: Kindergeschichte, S. 35.
[99] Vgl. Ulrich Beck: Der späte Apfel Evas. In: Beck / Beck Gernsheim: Das ganz normale Chaos der Liebe, Frankfurt/M. 1990, S. 209–213; S. 210.

[100] Elisabeth Badinter: Mutterliebe. Geschichte eines Gefühls vom 17. Jahrhundert bis heute, München/Zürich [4]1991, S. 9.

[101] Ebd. S. 40ff.

[102] Ebd. S. 43.

[103] Philippe Ariès: Geschichte der Kindheit, München 1978.

[104] Vgl. dazu Anton A. Bucher: Was Kinder glücklich macht. Historische, psychologische und empirische Annäherungen an Kindheitsglück, Weinheim 2001.

[105] Vgl. im Folgenden: Nel Noddings: Happiness and Education, Cambridge, UK/New York 1993.

[106] Zit. nach Bernhard Lang: Die christliche Verheißung: Ewige Glückseligkeit nach dem Tod. In: Alfred Bellebaum (Hrsg.): Glück und Zufriedenheit. Ein Symposium, Opladen 1992, S. 121–140; 121.

[107] „Solitude eternelle avec Dieu seul" Zit. nach Bernhard Lang/Colleen McDannell: Der Himmel. Eine Kulturgeschichte des ewigen Lebens, Frankfurt 1996, S. 233.

[108] Ebd. S. 134.

[109] Astrid Lindgren: Die Brüder Löwenherz (1973), Hamburg 1974. Das Buch wurde 1979 mit dem Wilhelm-Hauff-Preis und dem International Janusz-Korczak Award ausgezeichnet.

[110] Alois Hahn: Unrecht im Diesseits – Unglück im Jenseits. In: Alfred Bellebaum (Hrsg.): Glück und Zufriedenheit, Opladen 1992, S. 141–163.

[111] Vgl. dazu Bernhard Lang/Colleen McDannell: Der Himmel. Eine Kulturgeschichte des ewigen Lebens, Frankfurt 1996.

[112] Zit. nach Alois Hahn: Unrecht im Diesseits – Unglück im Jenseits. In: Alfred Bellebaum (Hrsg.): Glück und Zufriedenheit, Opladen 1992, S. 156.

[113] Ferdinand Ebner: Schriften Band 1, München 1963, S. 990. Zit. Nach Bernhard Lang: Artikel „Hölle", in: Neues Handbuch für Theologische Grundbegriffe, hrsg. v. Peter Eicher, München 2005, S. 163–173.

[114] Heinrich Heine: Deutschland. Ein Wintermärchen. Januar 1844. In: Werke, hrsg. v. Christoph Siegrist, Frankfurt/M. 1968, S. 425.

[115] Theodor Reik: Aus Leiden Freuden. Masochismus und Gesellschaft (1940), Frankfurt/M. 1983.

[116] Georg Büchner: Woyzeck. Lese- und Bühnenfassung, 17. Szene. In: Ders.: Werke und Briefe, München 1980, S. 159–180; S. 174.

[117] Ebd.

[118] Alain Boureau: La Légende dorée: Le Système narratif de Jaques de Voragine, Paris 1984. Sherry L. Reames: The Legenda Aurea: A Reexamination of Its Paradoxical History, Madison, Wisconsin, 1985.

[119] Caroline Walker Bynum: Fragmentierung und Erlösung. Geschlecht und Körper im Glauben des Mittelalters, Frankfurt/M. 1996, S. 277ff.
[120] Vgl. dazu z. B. Richard Swinburne: The Free Will Defense. In: Teodicea Oggi? Archivio di Filosofia LVI, Padova 1988, S. 585–596. Ders.: Die Existenz Gottes, Stuttgart 1987. Alvin Platinga: God, Freedom, and Evil; New York/USA 1974. Stephen T. Davis: Free Will and Evil. In: Encountering Evil. Life Options in Theodicy, hrsg. v. Stephen T. Davis, Atlanta, Georgia/USA 1981, S. 69–83.
[121] Am deutlichsten wird diese Position bei John Hick: Evil and the God of Love, London 1966; ders.: An Irenaen Theodicy. In: Encountering Evil, S. 39–52.
[122] Beverly W. Harrison / Carter Heyward: Pain and Pleasure. In: Joanne Carlson Brown / Carole R. Bohn (Hrsg.): Christianity, Patriarchy, and Abuse. A Feminist Critique, Cleveland, Ohio 1989, S. 148–173; S. 153.
[123] Leben der Lukardis von Oberweimar, Analecta Bollandiana 18, 1988, S. 337. Zit. nach Caroline Walker Bynum: Fragmentierung und Erlösung. Geschlecht und Körper im Glauben des Mittelalters, Frankfurt/M. 1996, S. 110.
[124] Vgl. hier E. Picker: Menschenwürde und Menschenleben. Das Auseinanderdriften zweier fundamentaler Werte als Ausdruck der wachsenden Relativierung des Menschen, Stuttgart 2002.
[125] Vgl. dazu den letzten Text von Dorothee Sölle, der nach ihrem Tod veröffentlicht wurde: Was erreicht ist – was noch aussteht. Einführung in die feministische Theologie. In: Irene Dingel (Hrsg.): Feministische Theologie und Gender-Forschung. Bilanz – Perspektiven – Akzente, Leipzig 2003, S. 9–22.
[126] Eduard Mörike: Gebet. In: Werke in einem Band, hrsg, v. Herbert G. Göpfert, München 1977, S. 127.
[127] Aldous Huxley: Schöne neue Welt (1932), Frankfurt/Main [61]2003, S. 86.
[128] So z. B. Martin Seligman: Authentic Happiness, New York 2002; Daniel Nettle: Happiness. The Science behind your Smile, Oxford/New York 2005.
[129] Martin Seel: Versuch über die Form des Glücks. Studien zur Ethik, Frankfurt/M. 1995, S. 138ff.
[130] Vgl. dazu z. B. die Studie des Wirtschaftswissenschaftlers Richard Layard: Happiness. Lessons from a New Science, New York 2005.

Bildnachweis: Trotz umfänglicher Recherche ist es nicht gelungen, die Rechteinhaber des Coverbildes ausfindig zu machen. Evtl. Honoraransprüche bleiben bestehen.